AF465459

LETTRES

SUR

LE SALON DE 1876

PAR

VICTOR DE SWARTE

SAINT-OMER
IMPRIMERIE FLEURY-LEMAIRE, RUE DE WISSOCQ

LETTRES

SUR

LE SALON DE 1876

PAR

VICTOR DE SWARTE

SAINT-OMER
IMPRIMERIE FLEURY-LEMAIRE, RUE DE WISSOCQ

A Monsieur & à Madame Revel.

HOMMAGE

DE RESPECTUEUX ATTACHEMENT.

VICTOR DE SWARTE.

Paris, juillet 1876.

Cet opuscule a été tiré à 200 exemplaires numérotés.

Sur papier de Hollande	30
Sur papier ordinaire	170

N° ....

SALON DE 1876

PREMIER ARTICLE

MM. Gaston de Monnecove. — Jules Villeneuve. — Mlle Eugénie Salanson. — MM. Louis Noel. — Edouard Lormier. — Damasse-Fortuné Schrevère.

Les réflexions générales que nous a inspirées la séance du vernissage, c'est-à-dire cette promenade de pure fantaisie que nous avons faite la veille de l'ouverture officielle du Salon, sont bien les mêmes que celles que nous avons formulées, l'année dernière, dans les colonnes amicales du *Mémorial Artésien*.

Peu de grande peinture ou peinture d'histoire, déluge de tableaux de genre, paysages ravissants et nombreux, portraits, dont plusieurs d'une grande valeur.

Quant à la sculpture, notre supériorité nationale

s'affirme de plus en plus en ce genre si élevé et si puissant.

C'est à un point tel, que les Spartiates saxons n'oseront plus bientôt rire de nos prétentions athéniennes. Nous aurons retrouvé et pour toujours, le sentiment attique, seul capable à nos yeux d'apprendre à nos enfants l'amour de leur pays et les devoirs du patriotisme. Bercés dans la contemplation perpétuelle des chefs-d'œuvre qui élèvent les âmes aux grandes aspirations de l'art, ils sauront aimer et défendre une patrie qui les aura initiés au culte du *Beau*.

Que d'autres châtient les corps pour les endurcir à la fatigue, la France préfère ennoblir les cœurs pour enseigner le courage, le devoir et l'espérance.

Pour nous, dilettante passionné, nous sommes heureux de réchauffer notre âme dans la société tendre et inspirée des artistes qui sont notre plus légitime orgueil. Chez eux, nous trouvons cet indéfinissable que l'on a appelé *le don ;* nous laissons au critique ses prétentions à la science méthodique et raisonnée de l'art ; parfois même il nous arrive de douter de l'existence de cette science, puisque les critiques les plus goûtés sont ceux qui ont le talent d'entraîner, par quelque sentier fleuri, leur lecteur hors du cadre qui leur est tracé. Est-ce bien là le propre de la science ?

Notre raison, à nous, de prendre la plume — nous l'avouons naïvement — est toute dans notre enthousiasme.

*
* *

Le plan qui nous a semblé le meilleur à suivre est de faire voyager notre lecteur à travers les 25 salles qui renferment les œuvres de peinture. Ce procédé, en effet, nous permet, d'une part, de ne pas voir notre impartialité prise en défaut, en nous laissant, d'ores et déjà, influencer soit par un nom retentissant, soit par les dimensions prétentieuses d'une toile, et aussi d'offrir à nos lecteurs le plus de garantie possible contre tout oubli fâcheux. Après ce premier examen, nous passerons en revue la sculpture, et nous jetterons ensuite un coup d'œil aussi approfondi que le temps et l'espace nous le permettront sur les dessins, cartons, aquarelles, vitraux, pastels, miniatures, faïences, gravures en médailles et sur pierres fines, pour terminer par les œuvres d'architecture, gravure, et lithographie.

Notre attention sera attirée avant tout, sur les œuvres signées d'un nom artésien ou flamand, et, pour donner à notre cité audomaroise une place tout-à-fait spéciale, nous analysons dès aujourd'hui les œuvres des exposants nés à Saint-Omer, ou de ceux qui y ont établi d'anciennes et durables relations.

***

Un nom universellement sympathique à Saint-Omer, celui de M. Gaston de Monnecove, artiste patient et doué du meilleur goût, nous entraîne tout d'abord à parler de l'*Étang dans un parc du comté de Sussex* (Grande-Bretagne).

Au premier plan, un marécage, où les roseaux et les ajoncs viennent contraster avec les teintes d'eau et s'y mirer délicieusement ; à droite des arbres du meillleur effet et au fond un horizon borné par des collines estompées de brouillards. Nous faisons des vœux sincères pour que le jury de 1876 donne une place sur la cymaise à l'exposition de notre habile compatriote.

Un magnifique portrait de M. JULES VILLENEUVE représente *M. le colonel de Montluisant* qui a consacré, à Calais, aux expériences d'artillerie, tant et de si précieuses journées, depuis son départ de Saint-Omer. M. de Montluisant, l'air à la fois doux et chevaleresque, y est représenté de face et en pied, dans son cabinet de travail rempli d'une admirable collection d'obus soumis à son examen. L'obus sévit un peu trop pourtant dans le tableau.

Mlle EUGÉNIE SALANSON expose, outre le *portrait de M. Degrave*, une charmante italienne, sous le titre *le Chemin de la fontaine*. Cette œuvre pleine de sobriété nous semble du meilleur goût. La disposition des draperies et de tous les détails témoigne suffisamment du talent d'observation de Mlle Salanson.

*
* *

M. NOEL LOUIS nous montre la statue de *Rebecca*, exécution en marbre du plâtre précédemment couronné par le jury. L'aspect simple et fier à la fois de la jeune israélite, l'excellent arrangement des bras, ont déjà su mériter à notre cher compatriote les éloges les plus autorisés, en même temps que les mieux fondés. M. Noël Louis expose de plus une réduction en plâtre, moitié exécution, de la statue de *Saint-Hugh, évêque de Lincoln.* Cette statue destinée à la chartreuse anglaise de Parkminster, présente le caractère exigé par la sévérité même du personnage et la sobriété du costume. La tête, — une figure austère, sans dureté pourtant, — reflète cet air méditatif que les maîtres du passé ont donné aux premiers évêques.

Les habitants d'Arras ont pu voir, à l'église de *Notre-Dame des Ardents*, une statue en pierre de la patronne de l'église. Cet ouvrage est rappelé dans le livret du salon, sous la rubrique : *Monuments publics.*

M. Edouard Lormier, dont chacun des nombreux succès d'école ont été salués avec un si unanime applaudissement, expose cette année un sujet d'une réelle valeur.

Une Muse — (statue plâtre destinée au monument funèbre de M. Ernest de Swarte, à Hazebrouck), tel est le titre de l'œuvre devant laquelle des maîtres se sont arrêtés, prodiguant au jeune artiste des éloges que le public ratifie chaque jour.

La muse, en pied, un peu plus grande que nature, appuie le bras droit sur un sarcophage qui se relie au monument. La main droite gracieusement abandonnée est d'un naturel parfait. Au milieu des flots d'une abondante chevelure, la tête, d'un caractère grec, se montre mélancoliquement appuyée sur le bras gauche, dont le mouvement est du meilleur rendu. D'amples draperies, sous lesquelles on sent l'élégance et la gracilité d'un corps, à la ligne harmonieusement tracée, achèvent de donner à l'ensemble du morceau l'aspect sculptural et funèbre.

M. Lormier a exposé de plus, le buste en bronze de M. A. Franck.

En souvenir de l'Ecole des Beaux-Arts de Saint-Omer, dont M. DAMASSE FORTUNÉ SCHREVÈRE, de Zuytpeene (Nord), a été l'élève, nous ne voudrions pas terminer ce premier article sans parler du pastel exposé par cet artiste qui nous paraît entré dans une excellente voie. Le *portrait de Mme J. D.....* offre dans la figure des tons admirablement fondus. Les yeux bleus se détachent au mieux, sous une blonde chevelure.

P. S. — M. A. DE NEUVILLE n'a pas exposé cette année. C'est laisser le champ libre à son habile ami M. DETAILLE.

Voici un petit traité d'artistes qui prouve une fois de plus que, l'art et l'amitié font souvent bon ménage.

Plus heureux que Paris, Londres court admirer deux toiles de l'excellent peintre audomarois. L'une d'elles représente des *Prisonniers dans l'église de Villersexel.*

DEUXIÈME ARTICLE

MM. PUVIS DE CHAVANNES.— PERRAULT.— PILLE.— G. PETIT WÉRY. — L. PENET. — POINTELIN. — LÉON RICHET. — AM. ROZIER. — EM. RENARD. — PH. ROUSSEAU.— PH. PAROT.— TONY-ROBERT FLEURY. — L. P. SAUVAIGE. — RIBOT. — SCHUTZENBERGER. — J. SCALBERT. — ROLL. — RIXENS A. CH. WALLET. — EUG. THIRION. — A. TOULMOUCHE.— NOEL SAUNIER. — VICTOR TEINTURIER. — EMILE SCHOUTTETEN.

Avant d'entrer dans les salles, sur le palier du grand escalier, nous sommes arrêtés par le tableau et les cartons rappelant la vie de *sainte Geneviève* de M. PUVIS DE CHAVANNES [1]. Ces œuvres sont des-

---

[1] Dès le début de ces comptes-rendus du salon, nous tenons à faire remarquer que nous insisterons peu, sur les œuvres des artistes qui ont déjà conquis le premier rang et une légitime renommée. — D'autres et de plus habiles s'acquittent chaque jour de cette tâche.

Ceci explique le nombre restreint de lignes que nous consacrons aujourd'hui à MM. PUVIS DE CHAVANNES, PHILIPPE ROUSSEAU, etc.

tinées à l'ornementation de l'Eglise Sainte-Geneviève (Panthéon) ; c'est M. de Chennevières, directeur des Beaux-Arts, qui eut l'heureuse idée de confier ce travail à MM. Puvis de Chavannes, Baudry, Bonnat, Laurens, Henry Lévy, Meissonnier, P.-J. Blanc et Cabanel.

Dès l'aube naissante, sainte Geneviève est agenouillée devant une croix au pied d'un arbre. Son attitude toute d'extase, surprend et arrête un bûcheron et une femme tenant son enfant. L'expression des figures des paysans est empreinte de cette exquise naïveté, que l'éminent artiste excelle à reproduire. Un grand repos règne dans cette scène, repos suave et mystérieux.

Le grand carton, à trois panneaux, nous représente, — au centre, l'évêque saint Loup posant le doigt sur la bouche de sainte Geneviève enfant, en signe de prédestination. L'attitude pleine de simplicité de l'enfant, celle de ses parents qui s'inclinent devant la prédiction de l'évêque, les figures attentives des paysans, tout cela donne à cette cérémonie une couleur de vérité délicieuse ; — à droite, la Seine, où les pêcheurs arrêtent leurs barques, et un homme sortant d'une maison portant sur ses épaules un malade à qui la guérison est promise ; — à gauche, le village, avec toute la rusticité de sa vie quotidienne — une jeune fille, d'un air distrait, tend une écuelle à une femme qui trait une vache — des potiers accourent abandonnant leur travail, pour considérer la sainte.

*
**

M. Morot nous a envoyé de Rome un *Printemps*, couronné de feuillages, académie aux tons bruns d'une certaine vigueur.

La *Chimère*, de M. Némoz, qui sort des nénuphars et s'élève vaporeuse, présente à l'œil une adorable ligne de dessin — Sans être vaporeux, mais plein de naïveté et de grâce, M. Perrault sous le titre l'*Oracle des champs*, expose une jeune fille à la figure simple qui souffle la marguerite pour interroger l'avenir. Le tout est du meilleur arrangement, les tons gris d'ombre de la robe font un heureux contraste avec les teintes rougeâtres dont le soleil fouette le côté droit et la figure de la petite paysanne — M. Perrault donne de plus, *saint Jean le précurseur*.

Nous admirons en passant la *Nymphe* des bois de M. Priou, — le ton du paysage est un peu fade pourtant.

Toujours spirituel et vrai, M. Pille, sous ce titre *Intempérance et Sobriété* nous montre l'air famélique d'un pauvre médecin rentrant chez lui, mis en opposition avec le ventre replet d'un charcutier qui regarde en se rengorgeant, son rebondissant étalage. — Les costumes XVIIIe siècle du sujet suppriment dans la scène toute trivialité.

La Matinée de printemps au bocage de l'Isle. Adam de M. Peraire, la *Forêt* de Mlle Marie de Parmentier, où luisent autour d'une mare les tons gris d'une terre vaseuse; ainsi que le *Paysage en automne* du même auteur; les *Fleurs de Juillet* de M. Ernest Quost, les portraits de MM. Parker,

RODOLPHE PIGUET et WILLIAM QUILLER ORCHARDSON, méritent d'être mentionnés, comme aussi la *Nuit* de M. ABEL ORRY et surtout *le Bord de la mer à Monaco*. Ce dernier tableau de M. Orry, attire d'abord l'œil par son aspect terne qui contraste avec les couleurs brillantes des paysages voisins. Arrêtez-vous un instant et la luxuriante végétation du pays de l'olivier et de l'oranger, où le soleil brille sur les larges palmiers aux tiges articulées et sèches, vous transporte loin de nos lugubres brouillards.

Dire que les deux tableaux militaires de M. PROTAIS, la *Garde du Drapeau*, souvenir de l'armée de Metz, et une *Étape*, sont empreints d'une grande énergie militaire, c'est presque une banalité, l'auteur d'*Avant l'Attaque* et d'*Après le Combat* nous a dès longtemps habitués à admirer sa supériorité en ce genre.

*
* *

M. Georges PETIT-WÉRY (d'Arras), a peint avec un profond sentiment de vérité cette fille rachitique aux tons pâles et chlorotiques, aux yeux brillants de fièvre, l'*Ouvrière des filatures* assise ou plutôt accroupie, s'appuyant sur le bras gauche. Le ton du fond est en pleine harmonie avec le sujet.

M. Lucien-François PENET (de Thiennes-Nord) a dû s'asseoir lui-même, avec délices, dans la prairie toute ensoleillée, *de Saint-Christophe à Châteauroux*. Au milieu des paquerettes et des renoncules, le bouvier et la bouvière se reposent et devisent sous la garde de leur chien ; plus loin les vaches. A droite du chemin de halage tout bordé d'aubépines en fleurs, la rivière fraîche dans laquelle les saules pleureurs viennent s'imprégner de larmes et enfin le pont et les peupliers derrière les saules. Puis la demi teinte et des massifs d'arbres dont la couleur bleuit... puis le clocher du village voisin dans une atmosphère lointaine.

M. Lointelin qui habite Avesnes est aussi des nôtres. *Sur un plateau du Jura* nous sentons la maigreur d'un sol de rocs gris recouverts d'une mousse sèche, des arbres grêles font semblant d'y balancer les feuilles qu'ils n'ont pas.

Le port intérieur de Gand de M. Victor Papeleu nous montre le soleil essayant de réchauffer de son dernier rayon les matelots qui marchent dans la neige.

Mentionnons dans la salle 2, le *Bornage de Barbizon* et *Après l'Orage* de M. Léon Richet (de Solesmes-Nord). Les tons gras de couleur, les effets étincelants des feuillages sombres de M. Richet, l'inspiration heureuse qu'il puise aux œuvres de Dupré et de son école, tout cela prépare un brillant avenir au jeune paysagiste.

La *Lagune, effet de nuit*, et le *Canal San Marco au crépuscule*, de M. Amédée Rozier, attirent aussi le regard ; on pourrait reprocher au premier un excès d'empâtement dans les nuages que la lune s'efforce de percer et une exagération trop minutieuse des détails dans le second, où l'effet des lumières est assez heureux.

Nous admirons aussi les tons de coloris et d'atmosphère que M. ALEXANDRE RAPIN a mis dans son *Bois de Cernay*. Il faut une profonde observation de la nature pour l'interpréter de cette façon.

Examinons en passant le *Jour de fête à la Venta del spiritu santo* de M. JULES JAMES ROUGERON et cette autre scène espagnole, *la Poule et les deux Coqs*, ainsi que le *Fabricant de chapelets à Venise* de M. RUBEN et le *Fauconnier*, époque François Ier, de M. JEAN-MARIE ROLLION, beau-frère de M. Roybet. La tête est ironique, la peinture solide, mais l'arrangement des bras ne présente pas, selon nous, une heureuse courbe.

Nous nous arrêtons devant le portrait de la grand'mère de M. EMILE RENARD. Cette œuvre est d'une exactitude, d'une précision de dessin, d'une vérité de ton,— voyez plutôt les yeux, — auxquels tous les amateurs rendront hommage. Du même auteur, le *Puits de Montfarville* (Manche) ; le jeune *Vénitien du XVe siècle* de M. ROBERT DE ROUGÉ, ainsi que le *Retour de la Halle* et les *Roses* de M. DOMINIQUE ROZIER méritent aussi d'être mentionnés.

Pourquoi dans son tableau de *Circé*, M. PAUL ROUFFIO, n'a-t-il pas senti que cette jambe gauche écartée produit un effet disgracieux que la draperie ne suffit pas à pallier? — Le corps est bien rendu, la tête est un peu masculine.

M. THÉODULE-GERMAIN RIBOT, sous le titre *Vases et Fruits* a peint d'une façon solide une nature morte ; un plat en vieux Rouen présente un excellent relief au premier plan.

De M. EDOUARD RICHTER, nous avons le *Récit de*

l'Esclave et un *Méphisto* dont le corps est bien rendu, mais où, selon nous, les jambes sont un peu trop celles d'un soudard et ne rentrent plus par conséquent dans l'ensemble féminin du sujet.

Dire que l'on mangerait les *Huîtres* de M. Philippe Rousseau et que l'on craindrait de voir le sommeil descendre sur ses paupières en respirant les *Pavots*, ce n'est adresser au maître qu'un mince compliment.

Après la Pluie et *Tourne donc Mousse*, de M. Emile Renouf, l'*Abandonné* de M. Rudisuhli, la *Ferme des Jardins* (Allier) de M. Léopold Serre, à l'*Ecole* de M. Victor Roussin et la petite marine à la Isabey de M. Gaston Roullet, attirent aussi tous les yeux.

La Vendange dans le Maconnais de M. Louis Robin est d'une exécution trop sèche, trop grise, trop propre. L'*Involontaire d'un an* (enfant faisant faire l'exercice à son petit chien, qui obéit mal), de M. Edmond Rudaux, et surtout la *Galathée* de M. Philippe Parot, ne sauraient passer inaperçus. Galathée est une femme posée sur la *selle* où les sculpteurs installent leurs modèles, elle retire un rideau qui la dérobait aux regards, et baisse les yeux d'une façon qui provoquerait le plus froid des Pygmalion.

La pièce la plus en vue de cette salle est la grande toile de M. Tony Robert Fleury, représentant le *docteur Pinel faisant enlever les chaînes aux pauvres folles de la Salpêtrière, en 1795*. La douceur de la figure de Pinel, qui est aussi admirablement campé, contraste avec les torsions effrayantes des malheureuses. Le fond du tableau n'est-il pas un peu conçu et peint en décor de théâtre ?

***

Mais nous voici en plein Pas-de-Calais, *à Wissant.* La lune éclaire de ses rayons, qui ont lutté longtemps pour traverser de gros nuages, les lais et relais de la mer. Deux barques de pêche sont échouées sur le sable que piétinent des pêcheurs de crevettes qui tiennent à la main leur petite lanterne. Cette toile est due au pinceau d'un riche amateur de Lille, M. Louis Paul Sauvaige qui a exposé en outre le *Retour de la Promenade* à Wissant.

Mentionnons les *Environs d'Honfleur* (Calvados) de M. Paul Rossert de Lannoy (Nord) et les *Fleurs et Fruits* de M. Jean Robie (de Bruxelles). De M. Auguste Serrure (d'Anvers) la *Lune de Miel* et l'*Arbalète*; de M. Charles Schaeps, autre Anversois, *Fleurs et Fruits; A la Promenade en 1798* de M. Victor Tortez ; la *Dernière Ressource* de M. Jules Salles ; le magnifique portrait de *M. le vice-amiral Gueydon* de Mlle Félicie Schneider ; celui de *M. B... sénateur* par Mlle Jeanne Scapre ; celui de *Mlles S....* par M. Schlesinger ; le *Last Ornament* (dernier ornement) de M. Jules Emile Saintin ; le *Portrait de M. S...* par M. Boleslas Sokolawski ; celui de *M. H...* de M. Edouard Sain ; la *Tête de Femme* de M. Paul Soyer et enfin l'*Intérieur de Cour à Davayat* (Puy-de-Dôme) de M. Antoine Roux.

Le portrait de *Mme Gueymard-Lauters* par M. Ri-

BOT, disgracie l'éminente cantatrice. Aussi pourquoi choisir un homme qui est à coup sûr un grand artiste, mais qui a une si fantastique palette ? — Oyez plutôt ses *portraits*.

Dans l'*Intérieur de Forge* de M. SALZEDO, nous admirons l'ouvrier au repos qui va battre le fer de son marteau. M. OTHON de THOREN s'est inspiré de Millet, dans son déjeûner du berger. M. SCHUTZENBERGER, outre un portrait, représente *Jeanne d'Arc* appuyée contre un arbre sous une statue de la madone et levant les yeux au ciel, pour écouter attentive les voix qu'elle enteud. — M. GUSTAVE CASIMIR SAINTPIERRE a donné un habile coloris à sa *Romance Arabe* — souvenir de Tlemcen (province d'Oran). M. SMITH-HALD, n'a-t-il pas exagéré un peu la note dans l'*Hiver en Norwége* — effet de soir ?

Par exemple, en voyant les *Bords du Morin en novembre* de M. ADRIEN SAUSAY, et la *Route un jour de Marché* de M. NICOLAS SICARD, on sent que ces deux artistes ne font pas du paysage en chambre, mais savent s'inspirer bel et bien de la réalité et la rendre avec justesse malgré les protestations des réactionnaires d'art engoués des procédés uniformes et convenus des paysagistes d'autrefois.

Elle est amusante, bien que d'un bizarre coloris, l'*Excursion* de M. JEAN FRANÇOIS RAFFAELLI.

Nous voyons aussi *Maria*, une tête italienne de M. EMILE SALOMÉ (de Lille). Le tableau de notre compatriote a été malheureusement placé un peu haut. M. JULES SCALBERT (de Douai) expose une

Hamadryade qui est une bonne étude d'Académie. La nymphe est couchée au pied d'un arbre au tronc fantastique, aux racines débordantes. Derrière, un satyre, vu de mi-corps, l'examine. Le paysage du fond est un peu de convention et rappelle ces petits arrangements tout faits d'arbres et de montagnes, que les primitifs et quelques maîtres de l'école Italienne laissaient entrevoir dans le fonds derrière la draperie à demi soulevée.

La *Soubrette indiscrète* (portrait de Mlle Reichemberg, de la Comédie française) de M. Jules Emile Saintin, est toute grâcieuse. Quant à la *Lettre* de Mlle Jeanne Samson et à *Il m'aime un peu* de Mme Mathilde Scamps, nous regrettons ce genre affecté et photochromique, à peine bon à distraire de maladives jeunes filles, tout comme du reste cette collection nombreuse de tableaux de genre qu'on aperçoit à toutes les vitrines : la *Dernière Visite*, la *Visite du Dernier*, *Il va venir*....

Le portrait en pied de M. Roll est peint en pleine pâte. Le *Repentir de saint Pierre*, de M. Rixens, est mieux rendu, selon nous, que sa *Mort de César* dont nous parlerons plus tard.

Le *Portrait de M. Geslin*, de M. Valandon ; la *Baie de Dinard*, de M. Thiollet ; les *Ajoncs en fleurs*, beaux effets de vert et de jaune de M. Segé ; *Il Fratellino* (le petit frère) de M. Jules Salles ; le *Chat s'amuse* de M. Edouard Vandenbosch (d'Anvers) ; la *Dryade* de M. Albert Charles Wallet (de Valenciennes) où le dessin de la jambe gauche fait un peu défaut ; la *Dryade* (tête un peu trop allemande) de M. François Schommer, qui a adopté le genre d'Henner; la *Remise à ânes, un jour de Marché, après la Pluie,* tableau très solide de coloris de M. Amédée Elie Servin, ne peuvent être passés sous silence.

De M. Eugène Thirion, le beau portrait de *M. D...* et la *Jeanne d'Arc*, aux yeux égarés, écoutant la voix de l'ange — derrière l'ange en apparition un héraut sonne la trompette et dresse l'étendard de St-Denis. *Jésus et le Samaritain* de M. Edouard Sain; le portrait de *Mme....* dont la tête se détache sur un fond bleu, par Mme Adelaide Salles Wagner; l'*Effet de matin par un temps de neige en Suède* par M. Carl Skanberg; le *Chemin de Montigny à Marlotte* de M. Octave Saunier, la *Ferme d'Amont à Etretat* (Seine-Inférieure) de M. Edmond de Traz; l'*Héroïne*, de M. Pantaléon Schyndler, présentent aussi de belles qualités de couleur.

N'oublions pas en terminant le portrait si bien dessiné de *Mme C. F...* par M. Charles Sellier; le *Souvenir de la Plage de Tresmalouen* (Finistère) par un temps d'orage, de M. Théodore Valerio; le *Premier Pas*, un peu maniéré pourtant de M. Anatole Vély; le *Calvaire d'Yport* (Seine-Inférieure) de M. Ad. Et. Viollet-le-Duc; *Favorite et Perruche*, de M. Paul Prosper Thillier, bien que la femme apparaisse en demi-teinte, comme dans une photographie spirite; et enfin les deux tableaux de M. Auguste Toulmouche, qui sont comme toujours d'un très-beau dessin, mais où l'affectation existe parfois: *Flirtation*, l'*Été*, ne sont pas les plus bel-

2

les œuvres de celui qui dispute à Stevens les cymaises de l'Hôtel Drouot.

Le *Passe-Temps du Seigneur*, de M. NOEL SAUNIER, présente une teinte de plein air, un peu exagérée à la manière des impressionnistes, les figures sont barbouillées de lie et de suie, comme les personnages des premières comédies grecques ; l'une des blanchisseuses contourne le bras et l'allonge d'une façon disgrâcieuse, — j'allais dire dangereuse, en tordant le linge.

M. VAN HAMMER (de Bruxelles) a un bon portrait de religieuse, celui de *Mlle Rosa Spanoghe.*

M. VICTOR TEINTURIER (de Valenciennes), dans sa *Forêt de Fontainebleau* nous donne des bouleaux diaprès d'argent et de mousse, au fond un coup de soleil éclaire les arbres qui prennent un ton vert tendre et vont en s'ombrant pour former un fourré où courrent des cerfs. *Sous le Bois à la Gorge aux Loups* (forêt de Fontainebleau) forme un pendant au précédent.

Les *Saltimbanques en Voyage* de M. EMILE SCHOUTTETEN (de Lille) rappellent le tableau de neige que M. Emile Breton exposait l'année dernière : le blanc de neige et le vert tendre de la voiture y forment le même contraste. Le gras des ornières que creuse la voiture est d'un excellent rendu.

P. S. — Avant que nous ayons parcouru les salles renfermant les 2,095 œuvres de peinture et que nous puissions examiner en détail les 621 œuvres de sculpture, nous tenons à dire dès maintenant que en dehors des œuvres des maîtres, les Dubois, les Falguière, les Schœnwerk, etc, les morceaux qui nous ont le plus frappés et semblent devoir concourir pour les premières médailles sont deux envois de Rome, *Persée et la Gorgonne* de M. LAURENT HONORÉ MARQUESTE et *Eros* de M. JULES FÉLIX COUTAN.

Parmi les artistes qui ne sont pas encore exempts, et qui cette année ont exposé un sujet important et bien rendu, nous voyons, le *Conteur arabe* de M. PONSIN-ANDARY ; l'*Adonis expirant* de M. AUGUSTE PARIS ; *Oreste réfugié près de l'autel de Pallas* de M. EMILE HUGOULIN ; la *Muse* de M. EDOUARD LORMIER ; le *Jeune Colporteur* de M. EUGÈNE ROBERT ; le *Suivant de Bacchus* de M. LANGE GUGLIEMO ; *Pastorale* de M. JULES LOUIS MABILLE ; *Cet âge est sans pitié* de M. PIERRE HOURSOLLE ; la *Marchande d'amours* de M. ADRIEN GOUDEZ ; *saint Jérome* de M. HONORÉ ICARD ; *Charmeur* de M. P. ARM. DE LA VINGTRIE ; *Pasteur Chaldeen* de M. CHARLES BEYLARD ; le *Printemps* de M. G. A. GARNIER. Viennent ensuite : le *Bain* de M. HECTOR LEMAIRE ; le *Bain* de M. P. M. OGÉ ; *Joueur de flûte* de M. LÉON PILET — *Idylle* de M. EDOUARD MILLET DE MARCILLY.

TROISIÈME ARTICLE

MM. Rixens. — Sylvestre. — Gustave Doré. — James Bertrand. — A. Collette. — Bruno Chérier. — J. F. Clère. — Gustave Colin. — Pierre Billet. — J. J. Weerts. — Henri Bonnefoy. — Vibert. — Vollon. — Veyrassat. — Aublet. — Joseph Wenker. — Appian. — Beauvais. — Edouard Toudouze. — Jean d'Alheim. — Pierre Barry. — Paul Léon Aglocqué.

« La nouvelle du meurtre de César, circulant rapidement dans Rome, y répandit la terreur ; les boutiques furent à l'instant fermées ; le forum resta vide ; chaque citoyen, saisi d'effroi, s'enferma dans ses foyers, et le corps de César, isolé au milieu de la capitale du monde qui semblait alors déserte, fut porté dans sa maison par trois esclaves. »

Cette reminiscence classique était digne en tous points, de tenter un peintre qui vise à la grande peinture ; — malheureusement l'idée du tableau de M. Rixens vaut mieux que l'ensemble qui reste froid, nu et gris ; les détails seuls rachètent ce que l'œuvre n'a su donner. — Les trois esclaves qui soutiennent sur leurs épaules le *Cadavre de César*, sont très habilement groupés, et, à ce point de vue, la composition présente d'heureuses qualités et une ligne de dessin irréprochable.

Que M. RIXENS emprunte donc un peu de sa fougue à M. SYLVESTRE, l'auteur de *Locuste essayant sur un esclave, en présence de Néron, le poison préparé pour Britannicus*. Ce n'est pas l'effet dramatique qui manque à ce dernier, il s'en faut; bien au contraire pourrait-on parfois lui reprocher une exubérance, qui n'est somme toute que l'excès de nombreuses et solides qualités.

Dans une salle basse du Palatin, toute tapissée de marbres jaspés, Locuste, assise près de Néron, appuie son bras décharné sur le genou de l'empereur. Tous deux considèrent l'esclave qui se tord et râle, après avoir avalé le poison, le bras droit appuyé contre la poitrine, le bras gauche se crispant et poussant contre terre ; on remarque à la bouche et aux yeux injectés de sang, qu'il s'efforce de résister à d'horribles souffrances.

L'œuvre est du meilleur modelé, l'esclave en est, à coup sûr, le morceau principal. Je trouve pourtant que la draperie de la robe de Néron aurait pu se présenter d'une façon plus heureuse ; et sans vouloir critiquer certains détails, je crois que le personnage de Locuste devait être conçu d'une tout autre façon.

***

Il y a loin de la peinture d'histoire, telle que

nous la comprenons, à l'illustration grandie et peinte de M. Gustave Doré, l'*Entrée du Christ à Jérusalem*. Le tableau se présente sous ces formes gigantesques dont M. Gustave Doré veut, tout de bon, garder le monopole. Ce panorama israélite renferme toutes les qualités et tous les défauts d'une illustration ; le dessin y est à peine indiqué dans les derniers plans, les personnages se pressent en désordre ; quant au coloris, il est de pure fantaisie.

Dans cette même salle nous admirons la *Marguerite de Faust* de M. James Bertrand, l'auteur d'*Ophélie*. Nous pensons qu'un peintre du talent de M. Bertrand aurait du donner plus de soin à la composition du corps de l'enfant qui git sur le sol. La tête est mal attachée au corps.

La *Chasseresse* de M. Roll dénote un artiste d'un grand tempérament.

Les *Numismates et Antiquaires* de M. Jean-Louis Chardonnel sont d'un aspect amusant et d'un habile coloris — Les *Ruines du temple de Jupiter près d'Athènes* et celles du *Portique oriental des Propylées et du palais des ducs d'Athènes* de M. P. A. de Curzon sont pleines de poésie.

Nous songeons à Greuze en voyant la *Petite Fermière* de M. Caraud.

N'oublions pas de noter aussi la *Mort d'Archimède* de M. Gustave Courtois, dont nous reparlerons à propos de son *Orphée*.

***

M. A. Collette (d'Arras) expose le portrait de

Mme J... L'artiste n'aurait-il pas pu choisir un autre fond ? La vigueur de son dessin aurait présenté plus de relief. Le *Sapeur du 92me régiment* vaut mieux, selon nous, que le portrait. Ajoutons que la peinture de M. Collette est d'une tonalité sobre et, par conséquent, féconde en effets heureux qui ne choquent point l'œil par des contrastes trop préparés.

M. Bruno Chérier (de Valenciennes) expose la *sainte Vierge repoussée de l'hôtellerie et réduite à aller se reposer à l'étable de Bethléem*. Brisée de fatigue, la Vierge s'appuie sur le bras de saint Joseph. — Une mégère la repousse du haut des marches de la porte. Pendant ce temps l'hôtelier reçoit d'un air empressé de riches visiteuses. Du même auteur, le *Portrait de Carpeaux* : l'auteur de *Flore*, d'*Ugolin* et du *Groupe de la Danse*, est représenté assis dans son atelier devant une réduction de ce dernier groupe ; dans le fond on aperçoit l'excellent bronze du dernier Salon, le *Portrait de M. Bruno Chérier*.

La tête de Carpeaux est admirablement rendue, mais nous pensons que M. Chérier aurait mieux fait de le représenter, l'ébauchoir à la main, travaillant une maquette, que de nous le faire voir avec les outils de pratique de la sculpture, le marteau et le ciseau.

M. Henri Coroenne (de Valenciennes) a donné un bon mouvement de bras à sa *Fileuse de laine de Cayeux*. — L'œuvre n'est pas assez finie, les traits sont inachevés. Le *Lis* de M. A. Crespelle (de

Douai) nature morte d'un heureux arrangement ; la *Plage de Berck* de M. Artan ; *Mon petit Neveu*, un charmant petit tambour de M. Charles Baugniet (de Bruxelles) ; le *Lac de Bagnols au soleil couchant* de M. Charles Boulogne (de Tournai) ; le *Chemin de la mare aux Fées* de M. J. Coomans (de Bruxelles) ; le *Paradis perdu*, une grande toile de M. Jules Van Keirsbilck (de Gand), ainsi que le portrait de *Mme J. C....* de M. J. Clère (d'Anzin) méritent aussi d'être signalés.

Nous féliciterons M. Gustave Colin (d'Arras) de sa *Marie Sabine au lavoir*. Le coloris a de grandes qualités ; le dessin pourrait être un peu plus serré ; l'ombre de la gorge et de la poitrine présentent un singulier trompe d'œil, où le relief est absolument renversé.

La *Françoise de Rimini et Paolo de Malatesta* de M. Nathale Sichel, scène de l'*Enfer* du Dante, est d'une agréable tonalité, la composition s'arrange bien.

L'*Ottokar roi de Bohême s'humiliant devant l'empereur Rodolphe de Hapsburg*, de M. de Cetner nous laisse bien froid.

Nous ne pourrions oublier les *Bords de l'Oise* et les *Carrières de Méry* de M. Beauverie ; le *Plateau de Criquebœuf* de M. Paul Colin ; *Derrière la Ferme* de M. P. Cottin ; les *Mobiles évacuant le Plateau d'Avron pendant le bombardement*, de M. Beaumetz ; le *Retour des Champs* de M. L. Barillot, la *Gironde à Pauillac après un orage* (un peu trop cherché) de M. M. Am. Besnus ; les *Bœufs au repos* de M. Louis Coignard, bien que l'ensemble soit trop roux, comme du reste, son *Abreuvoir dans une prairie de la vallée d'Auge* (Calvados) ; le *Chemin de Villiers*, d'une grande vérité d'impression de M. FRANCK CINOT ; le *Convoi* de M. L. EUG. CHARPENTIER ; la *Nymphe Samalcis et la jeune Hermaphrodite* de M. JOS. DOUTAN ; la *Fontaine à Constantinople* de M. HIPP. DOM. BERTAUX. Les personnages de ce dernier tableau sont bien rendus, mais les murailles sont laquées, et semblent collées sur la toile.

Il y a une belle lumière dans le *Portrait de M. A. T. de Guzman-Blanco* de M. MARTIN TOVAR Y TOVAR.

Les *Funérailles d'un Moine*, de ZDRISLAW SUCHODOLSKI, présentent un singulier ton de coloris. Nous aimons bien aussi *Pâques fleuries* de Mme CÉLESTE COMPTE CALIX. Quant à la *Marchande à la toilette en Espagne* de M. VICTORIANO CODINA LANGLIN, nous la trouvons conçue et exécutée dans le style de la décalcomanie. — Le *Fromage blanc* de M. L. BISSON est bien autrement rendu. N'abordons pas la salle 7, avant d'avoir vu les portraits de MM. CEDESTROM et BERTIER. — Bien qu'un peu gris de couleur, le paysage de *Bruges* de M. CLAYS est très-attachant ; le *Sanglier attaqué par les chiens* de M. E. BRIGOT ; la *Vierge au lys* de M. TORRENTZ ; la *Fantaisie sur la Vieille* de M. L. BAADER ; la *Mare aux Roches à Brosville* (Eure) de M. ET. VALLÉE ; le *Paysage d'automne en Dauphiné* de M. HENRY BLANC FONTAINE ; la *Psalette de Tours* de M. LOUIS BÉROUD et surtout la *Source à Yport* (Seine-Inférieure) de notre compatriote M. PIERRE BILLET, de Cantin (Nord), élève de M. J. Breton. M. Pierre Billet, expose en outre la *jeune Maraîchère*; la peinture en est solide, le fond est très-habile et l'ensemble bien rythmé.

*
* *

Puisque nous voici dans le Nord, restons-y pour mentionner le portrait de *Mme B...* de M. ARCHANGE BODIN (de Tourcoing), et le magnifique portrait de *M. Hugues, prix de Rome de 1875*, par M. J. J. WEERTS (de Roubaix). Sur un fond rouge, la figure ressort au mieux. M. Weerts s'est distingué aussi dans le portrait de *Mme V..* lequel présente de fort habiles contrastes de couleur. La tête est d'un bon modelé. Quant aux tentures, la robe de soie bleue au corsage fleuri de violettes, le divan bouton d'or recouvert d'un poële de soie, elles sont du meilleur effet sur le fond couleur groseille. M. Weerts continue a rester à la hauteur de ses œuvres précédentes qui lui ont valu l'année dernière une médaille de seconde classe.

M. HENRI BONNEFOY (de Boulogne) sous le titre du *Blé nouveau*, nous montre une basse cour en joie et en révolution se précipitant sur le charriot de blé qu'on introduit dans la grange. M. Bonnefoy ne fait pas ses poulets d'une façon aussi large que M. Defaux. Les siens sont très-étudiés, presque trop finis, et ils n'ont pas l'allure de ceux de l'auteur du *Printemps* (salon 1875). Le *Coin de Jardin* du même auteur, est brillant, frais, bien étagé, mais nous y trouvons une trop grande profusion de fleurs et de plantes exotiques, ce n'est plus un coin de jardin, c'est le paradis terrestre en chambre, à l'usage d'un amateur habitué aux expositions de fleurs de Gand.

L'*Antichambre de Monseigneur* de M. Vibert est une des œuvres les plus spirituelles du salon.

Au premier plan d'un vestibule style Louis XV, tout décoré d'affiches pastorales, un moine joufflu agace du doigt le bec d'un joli coq, qu'une jeune bretonne porte sur ses genoux dans un panier. L'air à la fois timide et mutin de la jolie fille de Ploërmel, et les agaceries dont le coq est l'objet, attirent l'attention d'un religieux qui en est distrait dans la lecture de son bréviaire. Dans un renfoncement, un laquais dit à l'oreille d'un frère à lunettes bleues, quelques mots qui le font se pâmer d'aise. — Par le vasistas de la porte, sur laquelle on lit *fermez doucement*, une tête se montre, réclamant sa petite part de curiosité. L'arrangement de cette charmante fantaisie est d'un goût exquis.

Notons aussi les deux toiles de M. Worms la *Danse du Vito* et le *Départ pour la Revue* qui sont d'une grande finesse.

La *Tour des Pleureuses à Amsterdam* de M. E. Vernier ; la *Falaise* de Van Marcke ; la *jeune Pêcheuse de Crevettes* de M. Victor Thirion ; l'*Escaut à Anvers* de M. Baudin ; les *Poissons* de M. Valandon, tous ces sujets maritimes nous amènent à parler de la *Femme du Pollet à Dieppe* de M. Vollon. Une forte gaillarde, le panier à moules sur le dos, le poing a la hanche, marche les pieds nus sur le bord de la mer. Sa poitrine mal couverte laisse voir une certaine exagération de formes qui rentre, il faut bien en convenir, dans le sujet. Tout cela est peint en pleine pâte, d'une couleur brune, chaude, et avec une *maestria* endiablée.

*
* *

M. VEYRASSAT (qui n'est pas encore hors concours) (!) nous donne comme toujours d'admirables chevaux d'une peinture solide et ferme. Le *Petit pont, à Samois* (Seine-et-Marne), et le *Relais de chevaux de halage*, où l'on aperçoit dans le fond un village, compteront avec l'*Abreuvoir* (Salon de 1875), parmi les plus belles œuvres du maître.

Les *Bords de l'Aven* et la *Prise d'eau* de M. VINCENT VIDAL, doivent être vus au microscope, ce n'est pas M. Gustave Doré qui nous donnerait ainsi des toiles de poche. — Trop de modestie M. Vidal.

M. FÉLIX DE VUILLEFROY a peint avec une grande vérité la *Place du marché de Montferrand* et la *Traite des vaches dans le Cantal*. Ces deux compositions sont du meilleur goût.

La *Benedetta* de M. H. VIGER ; en l'*Absence du Maître* de M. AUG. TRUPHEME ; le *Sifflet de secours* de M. JAMES WALKER, tableau représentant un mobile blessé, sifflant pour appeler les ambulanciers; *le Soir dans la lande aux environs de Dinard* (Ile-et-Vilaine) et surtout les *Chercheurs de marne* d'un aspect des plus vrais et des plus pittoresques de M. ZUBER, attirent aussi nos regards.

La *Nature morte* de M. VILLAIN ; la *Bergère endormie* de M. VAYSON ; les rives fleuries de la *Seine près de Gravon* (Seine-et-Marne) de M. Yon ; les beaux effets de lumière de M. Ph. Ernest Zacharie dans le *Soir de l'Epiphanie,* ne sauraient être passés sous silence.

Un épisode de la campagne du Nord en 1871, est représenté dans le tableau de M. Lucien Pierre Sergent, la *Défense du Moulin à tous vents* (près Saint-Quentin).

***

Se rencontrant dans une même idée avec M. Sylvestre, M. Aublet a exposé *Néron essayant des poisons sur ses esclaves.* L'esclave n'a rien d'humain, ses contorsions sont celles d'une bête, l'œuvre en général manque de souffle ; nous devons dire pourtant que les draperies de la toge de Néron présentent des plis harmonieux et bien exécutés.

En voyant la *Lapidation de saint Etienne* de M. Joseph Wencker, qui est actuellement en loge pour le concours de Rome, nous admirons l'énergie du mouvement du juif qui va lancer le pavé sur la tête du premier martyr ; ce mouvement rappelle celui du *Massacre des Innocents* de Rubens (triptique du musée de Valenciennes).

Mentionnons encore le *Crépuscule* de M. Charles Voillemot, fantaisie décorative où les teintes se font bien opposition ; les *Bords du Morin à Crécy* (Seine-et-Marne), de M. A. R. Véron ; le *Bon Curé* de M. Jan Van Beers, œuvre d'une grande simplicité d'allure et d'une ravissante peinture ; les

Chasseurs d'Afrique en reconnaissance de M. James-Alexandre Walker ; le *Portrait de M. C. Somzée* de M. Emile Wauters, où l'enfant, la tête fière mais un peu guindée, s'appuie à peine sur son chien, qu'il est censé caresser en récompense de ses doux yeux ; la *Plage de Berck* (Pas-de-Calais) de M. Boudin ; le *Portrait de Mlle X...* de M. Bertin ; les *Figues* de M. Bergeret ; les *Femmes au Cabestan* de M. Butin ; la *Distraction d'une Courtisane* de M. Eugène Roland où l'esclave pourtant est mal emmanché ; *Avant l'Etalage* de M. Eugène Cauchois ; *Vue prise à pont de l'Arche, un jour de Printemps* de M. Eug. Berthelon ; *ses Conquêtes* de M. Albert Bligny, où un vieil invalide narre à de jeunes troupiers ses hauts faits amoureux ; un *dernier Ami* de M. Emile Pierre Betsellère ; la *Pluie* d'Alexandre Bouché, paysage d'un grand réalisme, où le plein air de pluie est bien exécuté ; *Locmariaker* (Morbihan) de M. Aug. Allongé, le maître du fusain ; la *Matinée de Novembre à Casteljaloux* de M. Amédée Baudit ; et enfin les deux délicieuses marines de M. Appian, l'*Inondation à Venise*, où l'on voit la cité des doges emprisonnée sous les lourds brouillards, et l'eau envahissant les quais et les palais, et à *Venise*, paysage riant, où les gondoles glissent légères sur une eau limpide et azurée, laissant à peine derrière elles le sillage léger du cygne.

Rarement le soleil d'août dardant ses rayons sur un champ de blé où les moissonneurs sont vus à mi-corps au milieu des épis, des bluets et des coquelicots, a été rendu avec autant de vérité que dans les *Glaneuses* de M. BEAUVAIS.

S'inspirant d'HÉRODOTE, M. JEAN BENNER a peint des *Athéniennes surprises par des Pélasges de Lemnos*, le tableau vaut qu'on en parle.

C'est à Eschyle et à la tragédie antique que M. EDOUARD TOUDOUZE est allé demander l'inspiration de son sujet : *Clytemnestre* (envoi de Rome). Agamemnon est percé d'un glaive par sa femme, l'indigne mère d'Oreste, l'amante d'Egyste, qui déjà règne dans Argos. L'ensemble de l'œuvre se présente bien. Ce n'est pas ainsi pourtant que nous nous représentons Clytemnestre.

Les *Récifs de Saint-Honorat*, golfe Juan (Alpes-Maritimes) de M. JEAN d'ALHEIM nous rappelle les adorables sites qui s'étagent entre Monaco et Cannes.— Nous voici transportés près des montagnes de l'Esterel et de la Méditerranée où le flot clapote et se brise contre les petits récifs du rivage. La vague moutonne autour du rocher et dans sa colère coquette s'efforce de recouvrir les pierres qui l'entourent. Un bouquet de mousse et de plantes marines enveloppés dans une écume d'argent l'agite alors avec grâce.

Mais voici l'*Escadre cuirassée de Toulon* de M. FRANÇOIS PIERRE BARRY, voici l'*Océan*, l'*Alexandre*, la *Jeanne d'Arc*, l'*Implacable* et ce pauvre *Magenta* dont nous avons vu les débris, lors d'une visite à la *Thétis* qui avait alors le pavillon amiral. L'aspect de mer est bien rendu, on aperçoit les darses et les ports accessoires, mais l'on reconnaîtrait difficilement Toulon, si d'ailleurs l'on n'apercevait sur une colline la batterie du Salut.

Un groupe assez nombreux de curieux, stationne autour du tableau de M. Paul Léon Aclocque, le *Fumoir de l'Assemblée nationale au Palais de Versailles.*

Devant la cheminée monumentale, on remarque M. le duc d'Audiffret-Pasquier causant avec MM. Ricot et Adrien Léon ; M. le colonel Roquemaure et M. Target dissertent ensemble ; plus loin sont assis le général Loysel, MM. Vandier et Aclocque. — M. Lambert Ste-Croix et M. Costa de Beauregard se trouvent sur le même banc ; MM. Sacaze, Toupet des Vignes et de la Pervanchère occupent un second canapé, derrière lequel on reconnaît Cassagne, huissier.

Nous croyons qu'il est intéressant pour nos lecteurs que nous leur rappelions les noms des membres du jury, avant que celui-ci prenne sa décision au sujet des récompenses.

Président des quatre sections : M. le marquis de Chennevières, directeur des Beaux-Arts ; — *vice-président :* M. Guillaume (de l'Institut) ; — *secrétaire :* M. E. Marcille.

I. PEINTURE.

Président : M. Robert-Fleury (de l'Institut) ; — *vice-présidents :* MM. Cabanel (de l'Institut) et Fromentin ; — *secrétaire* : M. Cottier.

MM. Bonnat, — Busson, — Vollon, — Baudry, —

Henner, — Hébert, — J. P. Laurens, — Bernier, — Delaunay, — Bouguereau, — J. Lefebvre et Dubufe, en remplacement de M. Breton, démissionnaire.

II. SCULPTURE ET GRAVURE EN MÉDAILLES.

Président : M. Guillaume (de l'Institut) directeur de l'Ecole des Beaux-Arts ; — *vice-président :* M. Jouffroy de (l'Institut) ; — *secrétaire :* M. P. Dubois.

MM. Chapu (sculpteur et graveur en médailles); — Falguière, — Cavelier, — Cabet, — Dumont, — Galbrunner (graveur sur pierres fines).

III. ARCHITECTURE.

Président : M. Lesueur (de l'Institut) ; — *vice-président :* M. Duc (de l'Institut) ; — *secrétaire :* M. A. Lenoir (de l'Institut) secrétaire de l'Ecole des Beaux-Arts.

MM. Ballu, — Lefuel, — Questel, — Garnier.

IV. GRAVURE ET LITHOGRAPHIE.

Président : M. Henriquel (de l'Institut) ; — *vice-président :* M. le vte H. Delaborde, secrétaire perpétuel de l'Académie des Beaux-Arts ; — *secrétaire :* M. Paul Mantz.

MM. François, — Waltner, — Gaillard ; — *gravure à l'eau forte:* MM. Gaucherel, — Veyrassat ; — *lithographie :* M. Chauvel ; — *gravure sur bois :* M. Pisan.

QUATRIÈME ARTICLE

MM. Bastien Lepage. — Clairin. — Mlle Louise Abbéma. — MM. Emile Breton. — Henri Bidauld. — Emile Bayard. — P. M. Beyle. — Bouguereau. — Baudry. — Paul Dubois. — Berne-Bellecour. — Léon Bonnat. — Karl Daubigny. — Charles Théophile Demory. — Gustave Courtois. — Juliaan de Vriendt. — Armand Charnay. — A. Defaux. — Delobbe. — Léon Couturier. — Dameron. — Jean Desbrosses. — Julien Dupré.

M. Bastien Lepage qui obtint il y a deux ans une 3me médaille avec le *Portrait de mon Grand-Père* et fut mis hors concours avec le *Portrait de M. Hayem*, expose cette année le *Portrait de M. Wallon*, ancien ministre de l'Instruction publique. Cette œuvre est digne de ses devancières. Le modelé en est excellent, l'attitude vraie, simple et naturelle. Pourtant nous pensons, que le jeune artiste ne devrait pas exagérer cette tendance qu'il a de donner un certain ton violacé aux chairs, sa palette y gagnerait selon nous. M. Bastien, qui est sorti le second l'année dernière du concours de Rome, n'a eu cette année que le nº 6, pour l'entrée en loges. Attendons le résultat.

Le *Portrait de Mlle Sarah Bernardt* de M. Clairin est sans contredit, un des plus beaux du Salon.

Outre l'originalité de la pose, la grâce de l'ensemble et le bon choix des ornements et des tentures, le disciple, ou plutôt l'ami de Regnault, a relevé cette œuvre par le coloris le plus puissant et le mieux distribué.

La grande artiste, assise sur un divan, tenant à la main un éventail de plumes blanches est enroulée d'une façon bizarre dans un grand peignoir blanc, aux manches larges garnies de dentelles, le cou recouvert d'une écharpe flottante. Ce costume sied à ravir à son corps svelte. Les mules gracieuses avec leurs talons Louis XV, et les bas de soie d'un bleu foncé, donnent à l'ensemble un ton de coquetterie charmant.

Le divan aux tons rouges, relevés par une tapisserie antique brochant sur le tout, se termine par deux coussins vert d'eau et jaune d'or, garnis d'un effilé du meilleur style, sur lesquels s'appuie l'artiste dont la figure exprime la langueur et une certaine morbidesse étrange; à ses pieds, à gauche, un grand levrier, trop étriqué, repose sur la traine sans fin de la robe.

M. Clairin expose en outre le *Schérif de Oussan (Maroc) entrant à la Mosquée*. Cette scène est d'un coloris puissant, le ciel, l'aspect de mer verdâtre, qu'on aperçoit par une échappée, les chevaux, les porte-étendards, la suite, les Marocains sur leurs terrasses, tout cela est oriental et pour un simple *giaour*, M. Clairin peint les musulmans comme ne le ferait pas un sujet des Khalifes.

Nous parlerons plus tard de Mlle Sarah Bernardt, au sujet des œuvres de sculpture qu'elle expose, ainsi que de la statue et du médaillon qui la représentent. — Mentionnons immédiatement un autre portrait de l'éminente sociétaire de la Comédie française par Mlle LOUISE ABBÉMA. L'artiste y apparait en tenue noire, en pied, sur un fond vert antique, les bras tombant, retenant une ombrelle. A gauche, des iris dans une jardinière en cuivre repoussé style Renaissance. Une grande simplicité qui n'exclut pas une certaine allure règne dans ce tableau.

Nous rencontrons dans cette même salle, *Joseph intendant de Pharaon* de M. ALMA TADÉMA, qui est remarquable comme toutes les œuvres de l'éminent élève de Leys, par une exécution du meilleur rendu archéologique, l'Egypte n'a pas de secret pour le maitre hollandais, et *Avant l'Orage* de M. CHARLES BUSSON, membre du jury. Les arbres y reçoivent ce dernier et livide coup de soleil, précurseur des tempêtes. Les *Chantres au Lutrin* de M. HENRI BRISPOT ; le *Communal de La Grange* (Berry) dans le genre de Théodore Rousseau par M. GEORGES BONNEMAISON ; l'*Entrée de la Forêt*, (la porte aux vaches à Barbizon) par M. FEDERICO CORCHON DIAQUE ; *En Forêt*, la mare aux cerfs, par M. L. LE GOAESBE DE BELLÉE ; le *Bibliophile* de Mme HENRIETTE BROWNE qui se pâme d'aise en feuilletant son dernier bouquin ; les *Asperges* de M.

BERGERET ; les *Comédiens romains répétant leur rôle* de M. BOULENGER et enfin *Brayaude, près de Riom* (Puy-de-Dôme) de M. NICOLAS BERTHON, ont aussi attiré notre attention.

*
* *

Notre compatriote M. JULES BRETON, n'a pas exposé cette année, mais son frère, M. EMILE BRETON (de Courrières) dont le portrait, en commandant des mobilisés du Pas-de-Calais, figure au salon de cette année, nous donne un paysage intitulé l'*Hiver*. La peinture est exécutée très-largement avec un grand savoir, et pour ainsi dire au couteau à palette ; éloignons-nous un peu et nous distinguons le village couvert de neige et ses chaumières aux feux rougeâtres. La gauche du tableau reste dans cette ombre hésitante de la neige, linceul qui brille froidement dans les ténèbres, la droite reçoit les pâles rayons d'une lune glacée. Du même auteur une *Marine* où le soleil se couche dans les orages.

Les paysannes se présentent bien dans le tableau de M. HENRI BIDAULD, les *Planteurs de pommes de terre*, l'attelage de bœufs, le charriot, le ton général sont bien rendus. M. JULES BADIN a trouvé un fond original teinté de carmin pour peindre le *portrait de Mme B...* aux cheveux blonds, et à la robe de faille grise agrementée de dentelles.

Les amateurs pourraient passer des heures entières à observer les détails des deux panneaux décoratifs, une *Guinguette au XVIIIe siècle*, et les *Halles au XVIIIe siècle* de M. EMILE BAYARD. Le premier de ces tableaux, nous représente une scène joyeuse, dans le genre des Kermesses de Téniers, sauf que le costume du paysan flamand y est remplacé par les gracieuses et pimpantes parures du siècle dernier — tout ce style Pompadour, ces petits Watteau égayés par le choc des verres et les mille gauloiseries que comporte le sujet sont du meilleur effet — à droite, un escalier menant à la guinguette, au premier plan deux enfants jouant au bateau dans une petite mare. L'arrangement en est des plus habiles.

Le tableau des halles, se passe près de la fontaine des Innocents. Sous leurs immenses parapluies rouges les marchandes s'agitent et babillent, un charriot traverse à grand peine cette mer houleuse. Un gamin poussant une brouette crie et se trémousse, un petit maître tient de galants propos à une bouquetière dont l'éventaire brille des couleurs de l'arc-en-ciel ; à gauche le marché couvert pavoisé de rouge et de blanc, le gibier, les volailles, les fruits. Le coloris de ces deux panneaux est en tous points remarquable.

Les *Commères de Priquebec* sont à genoux, groupées près de leurs chaudrons, qu'elles frottent en tenant de joyeux propos. L'une d'elles, une bretonne des plus beaux jours, semble préoccupée de bien autre chose que des chaudrons, une autre, grêle et finiolée, sourit d'un air naïf et niais, la troisième travaille avec un sérieux béat. La scène se passe sous un ombrage peut-être un peu trop gris. Nous admirons surtout dans cette œuvre de M. Beyle la bonne exécution des chaudrons. Du même auteur, une *Japonaise* à la parure richement colorée, découvre un brûle-parfums d'où s'échappe une fumée blanchâtre.

***

Bien plus que la Vierge (Salon de 1875), la *Pieta* de M. Bouguereau est au rang des œuvres les plus remarquables. La vierge accablée de douleur tient sur ses genoux le cadavre du Christ dont la tête retombe penchée en arrière sur son épaule. Le groupe est bien formé, les couleurs rouge et bleu de de la robe de la Vierge contrastent habilement avec les tons cadavériques qui ne sont point exagérés; chacun sait en effet, que le defaut de M. Bouguereau est au contraire d'avoir des teintes trop savonneuses; les anges, aux belles figures éplorées, recouverts de draperies de nuances claires complètent le fond du tableau, sur lequel les deux têtes principales sont entourées de cette auréole d'or, chère aux primitifs italiens. M. Bouguereau aurait dû, selon nous, laisser à des élèves ce procédé trop facile de mettre des larmes sur les joues de la Vierge. Il est vrai que Van Dyck n'a pas agi autrement dans son *Ecce homo* que nous ne nous lassions pas d'admirer dans le cabinet du procureur général au Palais des ducs de Bourgogne, à Dijon.

Du même auteur, le portrait de *Madame Boucicaut*, en robe de velours noir.

***

M. Baudry, pour se reposer des fresques de

l'Opéra a exposé cette année deux portraits ; celui de *Mlle Denière (Mme de Gironde)* est exécuté avec cet art habile du coloriste qui montre une grande puissance sous une forme légère, en dédaignant les procédés tapageurs qui ne sont après tout que de véritables leurres. La robe de soie bleue de ciel, vue sous le transparent d'une mousseline blanche, rentre absolument dans la gamme de tons qui convient à la figure douce et spirituelle du sujet. *M. Hoschédé*, l'amateur de tableaux, est représenté avec une grand vérité d'allure dans le portrait de M. Baudry.

M. Paul Dubois, qui expose en sculpture l'œuvre la plus belle du Salon, la *Charité*, donne deux portraits en peinture : l'un *Mme* . . . et l'autre *Portrait de « mes Enfants »* qui tous deux, — ce dernier surtout, sont fort remarqués. Les deux enfants se donnent la main, l'aîné, aux traits bruns, est vêtu de velours noir, l'autre est habillé de gris. La pose est naturelle et sérieuse, le dessin excellent, sans prétention d'arrangement et d'accessoires, avec cette science du relief qui est le propre des sculpteurs et cette grandeur simple qui témoigne d'un maître.

Le *Portrait de Mme de P*... de M. Jean Béraud est d'une heureuse tonalité de gris sur lequel broche une robe de faille blanche, rehaussée par la figure vive et brillante du sujet. M. Béraud expose aussi le *Retour du Cimetière*, tableau de plein air d'une exacte vérité. — La scène se passe sur un boulevard extérieur.

Il est décoré avec prétention et surcharge, l'*Atelier* de M. BLUM. Les deux dressoirs, style Henri II, auraient suffi, sans tout ce fatras apprêté qui sent l'étalage d'un marchand de curiosiotés.

Mentionnons la *Marée montante* (grève du mont Saint-Michel-Manche), de H. JOHN LÉVIS BROWN ; les *Bords de l'Autenne à Richemont* (Charente) de M. LÉONCE CHABRY ; le *Portrait de Mlle M. G...* par Mme COEFFIER ; l'*Arrivée au Château* de M. LOUIS-EMILE ADAN ; *Franklin chez lui, à Philadelphie* de M HENRY BACON ; la *Ferme en Bannalec* de M. CAMILLE BERNIER ; l'*Aurore*, apparition du meilleur modelé, sur fond bleu de M. JAMES BERTRAND ; *Il faut que vieillesse se passe*, un Incroyable demi séculaire et une Merveilleuse dans un jardin, de M. EDOUARD BARRÉ ; le *Lutrin* aux costumes florentins de M. BLANCHARD ; la *Route du Pont de Briques à Boulogne-sur-Mer* (Pas-de-Calais), par M. EMILE BOUTIGNY.

*
* *

M. BERNE-BELLECOUR (de Boulogne-sur-Mer), a délaissé pour cette année ses soldats qui depuis son *Coup de Canon* (Salon de 1872) lui avaient valu des succès sérieux aux diverses expositions du Salon et du cercle de l'Union artistique (cercle des Mirlitons). Le tableau de notre compatriote, sous le titre la *Desserte*, représente une nature morte, où le coloris le dispute à l'exactitude et au bon arrangement des fruits, de l'argenterie et des cristaux. Aucun désordre ne règne sur cette table surchargée pourtant de porte-bouquets jardinières, d'une cave à liqueur, de tasses, de bols, etc. On pourrait, seulement, reprocher à M. Berne-Bellecour une petite faute de perspective dans l'établissement du plan de la table.

Sans insister *sur le Barbier nègre à Suez* de M. Bonnat, nous parlerons de sa *Lutte de Jacob*, qui, par certains mouvements et par les formes athlétiques des personnages, rappelle les *Lutteurs* de M. Falguière. (Salon de 1875)

La scène biblique ne sert que de prétexte à l'artiste, — c'est un tort, selon nous.

Le modelé est d'une grande perfection, la peinture présente un certain grain qui forme relief et donne aux chairs un ton vigoureux plein de rugosités, admirons la tête féminime de l'ange aux ailes roses, contrastant avec son herculéenne musculature. Jacob moins élancé, plus ramassé, nous laisse voir un jeu de muscles digne pourtant d'un athlète antique.

La *Pêche à la Seine* de M. Karl Daubigny, représentant les pêcheurs au moment où les uns dans leurs barques, d'autres sur la rive, apprêtent et étendent le filet ; la *Vendange nivernaise* et un *Coin de la rue des Martyrs* de M. Delpy ; en *Flandre* et un *Effet de neige* de M. Gustave Denduyts, tableaux qui de loin ont des allures de fusain ; la *Tête d'étude* de M. Giuseppe Castiglione qui est pleine d'originalité et vaut mieux que sa *Petite Fête des Artistes*, véritable boutique de bric-à-brac ; *dans l'île de Limay, près de Mantes* (Seine-et-Oise) de M. Frédéric Christol ; *un jour d'Ouverture de Chasse* d'Ernest David ; *Souliers neufs* et une *Fiche de Consolation* minuscules petites toiles toutes pétillantes d'esprit de M. Vincent Chevillard ; le *Chemin vert à Mortefontaine* (Oise) de M. P. Damoye ; et enfin le *Portrait de Mlle Lebrun* à la tête charmante et aux blanches draperies de M. Courtat, se remarquent encore dans la salle 12, avec une *Jeune fille bretonne* de M. Charles Théophile Demory (d'Arras). La jeune fille est représentée près de l'âtre, elle est coiffée d'un grand bonnet blanc qui encadre à merveille sa figure expressive, l'ensemble est bien fini et présente de grandes qualités de coloris, comme, du reste, *une Partie sérieuse*, intérieur breton, du même auteur. Tout ce monde est bien groupé, la vieille grand-mère file, les vieux jouent et se passionnent pour le pique et le carreau ; deux jeunes fiancés portent leurs rêves loin de cette petite scène trop froide et trop monotone pour leurs imaginations de vingt ans.

***

M. Gustave Courtois expose un *Orphée* ; le livret porte la citation suivante :

« Sa tête jetée dans l'Ebre, fut entraînée dans la mer qui la porta jusqu'à Lesbos ; là, elle fut recueillie et ensevelie à Antissa. Dans la même île, les flots portèrent aussi sa lyre. »

Cete petite toile oblongue représente sur un rivage de mer tout couvert de galets et de rochers mouvants, d'une excellente peinture, la tête couronnée de poétiques lauriers, du jeune roi de Thrace. Ses traits d'une beauté attique sont dignes du fils d'Apollon, de l'amant d'Eurydice. — Près de lui sa lyre brisée. La tête et la lyre sont à demi recouvertes par le sable. — On peut reprocher à ce tableau, qui est d'une conception bizarrre, le peu d'importance relative qui est donnée à la tête du poëte. — Les rochers sont trop encombrants.

***

S'inspirant des vieilles chroniques flamandes, M. JULIAAN DE VRIENDT (de Gand), nous représente *Beauduin VII*, (Beauduin à la hache), faisant comparaître devant lui un baron enchaîné conduit par deux hommes d'armes, pour répondre de l'attentat qu'il a commis sur une jeune fille. — Le père de la jeune fille le désigne d'un geste irrité, la mère soutient sa fille qui demande justice à genoux. La tête de la jeune fille est pleine d'expression. Cette scène ne manque pas d'énergie ; l'exécution pourtant est un peu sombre. Le baron flamand se montre fier et hautain, soutenant le regard de Beauduin, le justicier inflexible, qui le toise du haut de son trône tendu d'un poële vert antique au lion de Flandre. — Beauduin dont l'allure est à la fois simple et terrible, est vêtu d'une robe rouge et porte sur ses genoux la hache qui ne le quittait jamais.

***

M. Armand Charnay, obtiendra à coup sûr, une médaille pour son exquise toile de la *Pêche à l'épervier*. Sous les nuages estompés d'or d'un soleil couchant d'automne, au milieu des arbres aux feuilles rougeâtres et flétries par les premiers brouillards d'octobre, une scène de pêche se passe avec une vie et une animation des mieux rendues, autour d'une pièce d'eau bordée de petites rives bien étagées. L'épervier est ramené, à grand peine, par un pêcheur plongé à mi-corps dans la mare. — Une enfant court pour le rejoindre, malgré les efforts de sa mère qui veut la retenir. Plus loin, un pêcheur à la ligne apparaît au milieu d'élégantes jeunes dames et de bébés aux fraîches couleurs.— Au premier plan, un panier à poisson nous laisse voir de superbes carpes. — Le fond se termine par des collines que baigne une lointaine atmosphère. Le paysage exprime un sentiment vrai de la nature et les figures sont d'un bon dessin, et se distinguent au mieux, malgré leur exiguïté.

***

Les *Bords du Loing, un jour de neige* de M. A. Defaux, restent dignes du paysagiste qui a été mis hors concours à la suite du dernier Salon. Les corbeaux sur les arbres, les poules et les porcs sont très-habilement peints et l'on voit que l'artiste les fait de chic, pour employer un terme d'atelier.

La *Vierge et l'enfant Jésus* de M. Delobbe, tableau destiné à la chapelle du comte de Beaufort

Spantin, rappelle d'une façon trop exacte, la vierge de M. Bouguereau, au dernier Salon.

Aprés avoir vu, sans y donner grand éloge, le tableau de M. Léon Couturier, une *Affaire d'avant-garde*, où un éclat d'obus vient frapper un mobile et briser un arbre, au moment où, sur le commandement de l'officier, la section en tirailleurs va gravir le talus ; nous nous arrèterons au tableau de M. Dameron, *dans la Baie de Poull-Gouin* (Finistère).

Sous les bouleaux aux troncs blancs, un chemin sombre et mystérieux se perd à gauche dans les arbres. Au centre du tableau, un site pierreux recouvert d'une végétation sauvage. M. Dameron qui affectionne les effets d'automne, et s'entend au mieux à les représenter, a donné à son paysage cet aspect d'une feuillée frappée du premier signe de mort sous les nuages gris, pronostic de l'hiver. La *Ferme de la Brohonnière, aux environs de Granville* (Manche), du même auteur, est d'une excellente exécution. C'est au contact perpétuel de la nature que le jeune artiste a puisé ce sentiment si vrai, si exact de la campagne, les poulets picorent gaiement près de la route.

Le *Portrait de M. Emmanuel Arago* par M. Benjamin Constant, son gendre, est d'une grande ressemblance, d'une conception large et d'un bon coloris. Nous remarquons aussi celui de *M. Dorville* par M. Durangel. Celui de *Mlle la vicomtesse de C... de F...* de M. Antonio Cotti nous semble trop terne et d'une trop grande sécheresse de modelé. Nous lui préférons le portrait de femme de M. HIPPOLYTE DUBOIS.

Notons en terminant, l'*Envoi de Nice*, nature morte d'une pâte excellente par Mlle LOUISE DESBORDES ; les *Fleurs des champs* de M. EUGÈNE CLAUDE ; *Devant le Maire* (Hiver en Ukraine), et le *Dégel en Ukraine* de M. JOSEPH CHELMOUSKI ; le *Rocher des Commères* (Jura) lever de lune de M. JEAN DESBROSSES.

Le soleil éclaire d'une lueur crépusculaire les faucheurs qui récoltent à l'ombre des collines arides, le foin des maigres prés, traversés par un ruisseau dont la teinte nous paraît trop bleuâtre.

Nos plus sincères félicitations pour la *Moisson en Picardie* de M. JULIEN DUPRÉ. Moissonneurs et moissonneuses sont aussi bien dessinés que peints, avec une tonalité excellente de plein air. — Les gerbes, l'ensemble enfin, sont du meilleur rendu.

CINQUIÈME ARTICLE

MM. CABANEL. — LOUIS DESMARETS. — CHAPLIN. — DELAUNAY. — CERMAK. — COT. — CAROLUS DURAN. — DUBUFFE. — DETAILLE. — DUPRAY. — DENNEULIN. — CAZIN. — DE CONINCK. — GUSTAVE COLIN. — COMMERRE. — AUGUSTE DEULLY. — JULES CELLIER. — ADRIEN DEMONT. — LÉON HERBO. — AMAND GAUTIER. — JEANRON. — KARL DAUBIGNY. — HANOTEAU, — FROMENTIN. — GÉROME. — DELOBBE. — FEYEN-PERRIN. — FERRIER. — FALGUIÈRE. — JULES GARNIER.

« J'entends la voix de mon bien-aimé ! Le voici qui vient bondissant sur les montagnes, franchissant les collines. Le voici qui se tient derrière notre mur, et qui me dit : « Levez-vous, hâtez-vous ma bien-aimée, ma colombe, et venez. » Ces quelques lignes poétiques tirées du cantique des Cantiques de l'ancien Testament (C. II. v. 28) ont inspiré M. CABANEL dans la conception et l'exécution de la *Sulamite*. Inutile de dire que le dessin en est d'une grande exactitude : la figure de la Sulamite est d'une belle expression ; le corps, recouvert de riches tentures et de gaze, est d'une disposition harmonieuse. Mais il manque au tableau cette véhémence de brosse qui donne un ton chaud à la peinture et poétise un sujet. Le pastel qui ne dispose pourtant pas des ressources de relief de la peinture pourrait représenter avec autant d'énergie le tableau de M. Cabanel. — La peinture a de plus grandes exigences. — Nous en dirons autant du *Portrait de Mme la vicomtesse de L...* du même auteur. Le sujet, il est vrai, n'était pas fait pour inspirer un artiste.

Quel sentiment de vérité dans l'allure et dans le coloris du *Remouleur* de M. Louis Capdevielle et dans son *Prix d'excellence !*

La *Captive* de M. Horace de Callias, présente de belles qualités de modelé. Le mouvement général en est bon et les physionomies sont bien tracées.

Le *Réveil* de M. Louis Desmarest se présente d'une façon un peu raide dans le dessin, la courbe n'est pas harmonieuse, les formes ont quelque chose d'anguleux qui choque l'œil ; le fond du paysage nous représente bien l'aurore. — Le char d'Apollon qui apparaît en demi-teinte répond, selon nous, à une idée un peu banale. Nous ne saurions trop engager M. Dauvergne a choisir mieux la nature de ses modèles, son *Etude* présente un corps vulgaire, que l'artiste a peint d'une façon médiocre.

M. Chaplin nous rappelle les plus gracieux sujets de Boucher. Son *Portrait de Mme la baronne de V...*

et surtout *Jours heureux* où l'arrangement des draperies ressortant sur un fond bleu et le modelé gracieux de l'épaule captivent tous les regards. Le sujet de Mme JOSÉPHINE CALAMATTA (née Raoul Rochette), rappelle aussi le XVIIIe siècle. Le *Premier présent* est un panneau décoratif du meilleur goût : la figure du bébé joufflu à qui son petit frère donne un jeune chat, exprime un délicieux sentiment de plaisir plein de naïveté et de grâce.

Dans le minuscule *Portrait de M. B. V...* de M. DELAUNAY, on sent la patte d'un maître, la peinture est d'une grande solidité, mais la meilleure œuvre de M. Delaunay est son *Ixion* attaché à la roue par les Euménides. — Les déchirements affreux de ce corps se tordant sur une roue sous le double supplice des dents de la roue et des morsures du serpent sont rendus avec énergie. Le corps est bien dessiné. L'exagération n'existe que dans les tons rougeâtres des lueurs du Tartare.

M. EDOUARD CASTRES nous donne la *Caravane et la Consultation gratuite* en Lombardie. Ce dernier tableau est peint d'une façon originale et l'arrangement des personnages est spirituel.

L'*Entrée de la Gorge aux Loups* (forêt de Fontainebleau) de M. COOSEMANS, et la *Gorge de Malvoisin, aux environs de Fréjus* (Var) de M. VINCENT COURDOUAN, sont d'une bonne exécution. Le bleu méditerranéen de ce dernier tableau, les rochers aux tons de lave, les sapininières aux ombres lugubres, tout ceci est vrai et sobre dans les contrastes.

***

« Le chef des Hussites, Prokop le Chauve, dans une de ses incursions en Allemagne, avait réduit la ville de Naumbourg à la dernière extrémité. Le maître d'école obtint la grâce de la ville, en la faisant solliciter par tous les petits enfants qu'il instruisait. » Tel est le sujet du tableau de M. Cermak. Devant la tente de Prokop qui occupe la gauche du tableau, on voit défiler les enfauts, les plus petits en tête, jouant avec les casques guerriers qui se trouvent épars sur le sol. — Dans le fond à droite, la ville de Naumbourg. Un peu plus de chaleur ne nuirait pas à l'effet de ce tableau dont la donnée est d'un beau sentiment.

***

M. Cot, l'auteur du *Printemps* (salon de 1872) expose cette année le *portrait de Mme la comtesse de Palikao*. Les tentures d'une grande simplicité contrastant avec la robe noire, la solidité de la peinture, l'harmonie de l'ensemble, placent cette œuvre aux premiers rangs. Du même auteur, un portrait d'une belle tonalité, celui du *vicomte de M...*

Si le portrait de *Mme la marquise Anforti* (encore un portrait sur un escalier) de M. Carolus Duran ne nous paraît pas présenter les qualités habituelles au peintre lillois ; par contre, nous pouvons affirmer que son portrait de M. Emile de Girardin est une de ses meilleures toiles, tant par l'allure simple et d'une parfaite ressemblance du grand publiciste qui est pris sur le vif dans son cabinet, que par l'arrangement voulu de cette table de travail où la plume, le buvard, les papiers se font bien opposition, sans que le soin des détails présente ce finiolé prétentieux des arrangeurs de tableaux de genre.

Le portrait de M. *Emile Augier* de M. Dubuffe est digne du grand portraitiste et celui de M. *Philippe Rousseau* est d'une énergie remarquable. La tête expressive du peintre de natures mortes prête au modelé sculptural et M. Dubuffe en a tiré le meilleur parti.

*
* *

Le tableau de M. Detaille, qui est le tableau militaire de *great attraction* du Salon, nous montre un bataillon de chasseurs à pied envoyé en *Reconnaissance* dans un village où vient d'avoir lieu un engagement de cavalerie,— à droite un uhlan tué est renversé sous son cheval, un autre cavalier désarçonné est assis sur le caniveau, — à gauche, un troisième uhlan. Cette scène est enfermée dans deux murailles grises qui profilent de chaque côté et donnent au tableau une grande profondeur ; sur trois routes les chasseurs s'avancent, la main sur la détente du fusil ; ils sont précédés de l'avant-garde. L'officier qui est renseigné par un jeune paysan, le soldat qui prépare son arme et le traditionnel sapeur forment un groupe d'un rendu saisissant.

Le *Régiment de hussards* par un temps de neige, de M. Dupray, est à remarquer et l'on s'y arrête, mais M. Dupray a conquis toutes les palmes avec *le Poste de la place du marché à Saint-Denis.* L'ennui mortel règne dans la nonchalance des quatre soldats assis sur le banc, un autre s'étire au bec de gaz. L'officier qui se promène avec un civil, le maréchal, la grisette qui passe et jette son petit coup d'œil curieux, tout cela est spirituel et bien ordonné.

M. DENNEULIN (de Lille) a imprimé un charme délicieux à son *Repos de Chasseurs*. — C'est repas qu'il faudrait dire et non repos. — N'est-ce point ainsi, d'ailleurs, que nos compatriotes réparent leurs fatigues ? Par d'Artevelde ! les pâtés succulents et les volailles semblent fort du goût des trois chasseurs qui, couchés sur le ventre, sous une fraîche feuillée, donnent de la fourchette sur cette table improvisée, — à gauche un fumeur, — dans le fond les voitures et le paysage, — à droite la meute. — L'auteur des *Musiciens ambulants* continue à rester à la hauteur de ses premiers succès.

Le *Chantier* de M. CAZIN (de Samer) peinture à la cire, est un fragment d'un projet de décoration. Cette œuvre trop haut perchée se présente avec une perspective très-profonde. — Le chenal, où l'on voit un bateau appareillé, règne sur la droite de la toile et l'œil se promène au centre et à gauche à travers les quilles de bateaux en construction, au milieu de bois de charpente. Le ton de plein air est bien distribué.

M. DE CONINCK (de Meteren-Nord) reste toujours le peintre aux effets sobres et harmonieux que nous avons admiré dans ses divers tableaux d'italiennes et dans ses fresques de l'église St-Martin à

Dunkerque. La *Petite Charmeuse* du Salon de cette année est d'un ensemble gracieux et d'un beau coloris. — Dans le *Portrait du Trappiste, don Eugenius au Catz-Berg* (Mont des Cattes), M. de Coninck s'est surpassé. Nous avons admiré le modelé de la tête, une tête jeune aux yeux pleins de vie, et les draperies d'une épaisse robe blanche aux plis sévères, aux ombres vigoureuses.

M. Gustave Colin (d'Arras) l'auteur de *Marie Sabine* dont nous avons déjà parlé, montre un faire assez large dans la peinture de son *Matin d'un Jour d'été*. La chaumière, le chemin, les dormeurs, les collines, l'arbre à la Ruysdaël, sont bien disposés, mais nous nous permettrons de faire une petite observation à M. Colin : l'air, à notre sens, ne circule pas assez dans les branches de cet arbre qui semblent toutes dirigées dans un même plan vertical, et les hauts feuillages se baignent dans des nuages qui devraient paraître en plus grand éloignement.

M. Commerre est né à Trélon, mais sa ville d'adoption est Lille, dont la municipalité a fait frapper une médaille commémorative, lorsque, l'année dernière, l'heureux artiste obtenait le premier rang au concours de Rome. M. Commerre dans son *Portrait de Mlle V. D...* a singulièrement abusé du gris. — Il a mis du noir dans les verts et dans les rouges ; aussi sa palette a-t-elle perdu son aspect de fraîcheur, sans acquérir pour cela la vigueur de ton des disciples de Rembrandt.—Il y a là, selon nous, un écueil à éviter. — Le fond de feuillages n'est pas heureux.— La figure est d'un bon dessin, mais le corps n'est pas bien campé et l'enfant qui écarte les jambes ne présente pas une ligne gracieuse. Au surplus, nous avons admiré d'autres œuvres du même auteur et nous ne doutons pas que le séjour de M. Commerre à la villa Médici ne développe ses grandes qualités.

M. Auguste Deully (d'Armentières) a peint un *Beau Désordre*, qui, suivant l'expression du poëte, est souvent un effet de l'art. — Nous admirons les raisins et les pommes qui pendent du panier-glaneuse, le melon, la tortue, les pêches et les raisins renversés près du plat de vieille faïence, ainsi que la jardinière en cuivre repoussé avec ses primevères au feuillage bien découpé.

Le *Portrait de Mme Ve C...* de M. Jules Cellier, (de Valenciennes) est d'une bonne peinture, le fond aurait pu pourtant être choisi de façon à mieux faire ressortir le noir de la robe, lequel met d'ailleurs la tête dans le meilleur relief, ce qui est après tout le point le plus important.

M. Adrien Demont (de Douai) expose la *Rue Notre-Dame* à Douai ; où le soleil d'hiver vient percer le ciel gris d'un temps de neige et la *Scarpe* rue de l'Esplanade, autre vue de Douai, tableau d'une belle perspective ; l'eau de la rivière, pourtant, me semble peinte en tons un peu trop gras.

L'*Espiègle* de M. Léon Herbo (de Templeuve — Nord) représente un petit italien jetant des noyaux de cerises; l'arrangement est gracieux, le coloris de la figure est un peu terne.

M. Amand Gautier (de Lille) s'est trop préoccupé de l'arrangement minutieux des détails et de la pose des doigts, dans son *Portrait de Mme J. L...* Les soins de M. Gautier auraient pu avec plus de raison s'attacher au modelé.

M. Jeanron (de Boulogne-sur-Mer) qui a aussi exposé un dessin, nous donne un paysage très-ensoleillé, de *Gênes à Marseille par le cap Lardier*. Les effets lumineux sont bien rendus.

***

Mentionnons encore le *Marché aux poissons à Honfleur* de M. Dubourg ; le *Spadassin blessé* de M. Charles Drouet ; le *Retour du Salut* de Mme Lucile Doux, où les enfants et les religieuses sont admirablement groupés ; le *Portrait de M. Delaunay* dane le rôle du duc de Richelieu *de Mlle de Belle-Isle*, et le *Sommeil* de M. Edmond Dupain ; *Souvenir d'Anvers* de M. Gustave Castan ; un *Mariage à l'Eglise* de M. Simon Durand, où l'on remarque une disposition très-spirituelle des personnages dont les têtes sont frappées au bon coin ; le *Moulin près de Dordrecht* (Pays-Bas) de M. Charles Dubois, paysage interprété largement ; la *Sultane* de Mlle Angèle Dubos, figure qui nous rappellerait Mme Judic, si les cheveux n'étaient blonds ; *à Saint-Cloud* de M. Léon Du Paty ; *ma sœur Anne*, montée à l'échelle contre une vigne en espalier, de M. Auguste Delessard ; le *Portrait de M. J. Tourguéneff* de M. Alexis Harlamoff ; l'*Avenue du Bois de Boulogne*, bon effet de plein air, où les voitures, les cavaliers et les amazones ressortent au mieux par M. AUGUSTE FLICK ; l'*Education de Fillette* de M. JEAN-RICHARD GOUBIE ; le beau *Portrait de Mme la Marquise de G...* en robe brune bordée de velours sur fond rouge de M. GEORGES HAQUETTE ; l'*Aube dans les polders de la Hollande* de M. PAUL GABRIEL, les marécages, le moulin au toit de tuiles rouges, qui ont une grande couleur locale malgré un certain aspect grêle ; le *Tombeau des Califes au Caire* de M. CHARLES FRÈRE ; la *Baie de Somme* de M. CHARLES GOSSELIN ; le *Curé du Village*, ensemble un peu flou de M. HENRI GIRARDET ; *Vénus trouve le corps d'Adonis* de M. HENRI GÉNOIS ; le *Tribut d'Athènes au minotare*, sept jeunes filles destinées à être dévorées de M. AUGUSTE GENDRON ; l'*Offrande*, souvenir de Provence, genre Hamon, de M. A. GAMBA DE PREYDOUR ; le *Portrait de M. B...* de M. FRANÇAIS ; le *Soir de Printemps* et la *Vieille au Rouet* de M. R. FORCADE, deux figures sur fond de feuillage ; la *Neige* de M. CHARLES FRÈRE ; *à l'Aube* de M. CHARLES HERMANS, où des soupeurs et soupeuses, à la figure livide, aux costumes débraillés, sortent d'un restaurant de nuit, devant les ouvriers qui se rendent à leur travail, (effet trop cherché) ; la *bonne Histoire*, petite toile pleine d'esprit de M. LÉO HERRMANN ; le *Portrait de Mme H...* de M. ÇASIMIR DONNETTE ; *au Jardin* de M. ANTONIO GISBERT ; le *premier Trouble* de M. ALPHONSE HIRSCH ; femme assise dans un jardin ; l'*Autopsie à l'Hôtel-Dieu* de M. GERVEX, qui présente de belles qualités de coloris et d'excellents effets de lumière; le *Chêne de la Dauphine* dans la Brenne, (Berry), de M. Edouard Imer ; les *Moissonneurs au repos*, tableau d'une suave harmonie de M. Wyat-Eaton ; les superbes *Falaises de Berneval* (Seine-Inférieure) de M. Léon Flahaut ; le *Portrait de M. J. P. de V...* de M. Eugène Faure ; la *Solange* (souvenir du Berry) de M. Alfred Garnier ; et enfin le *Plateau de Belle-Croix* (forêt de Fontainebleau) de M. A. Defaux, où le lierre serpente avec amour sur les bouleaux.

*
* *

On s'arrêterait longtemps devant la *ferme de St-Siméon à Honfleur* (Calvados) de M. Karl Daubigny ; le soleil se couche derrière les arbres du littoral et le feuillage tamise les feux rougeâtres, éclairant d'une lueur fauve ce paysage plein de repos et de poésie.

Avec l'*Eau qui rit* et *les Biquets*, M. Hector Hanoteau conserve le rang élevé qu'il a acquis parmi les paysagistes.

Jamais peut être, M. Fromentin qui pourtant a toujours excellé et dont chaque toile est un chef-d'œuvre n'a brillé d'un plus vif éclat que dans sa peinture *du Nil* et ses *Souvenirs d'Esneh* (Haute-Egypte).

Puisque nous parlons des maîtres, admirons les deux tableaux de M. Gérôme : *Santon à la porte d'une Mosquée*, ce fanatique psalmodie des prières, pendant que les musulmans qui ont déposé leurs chaussures à la porte invoquent Mahomet, au sein d'une douce et discrète lumière. La couleur locale est admirablement rendue, par tous les détails de l'architecture, comme du reste dans *les Femmes au bain* du même auteur. Les femmes qui sont au premier plan sont d'un beau dessin, l'esclave noire leur présente des chibouks et des narghilés ; les femmes du dernier plan sont, comme de juste, moins finies, mais le spectateur fait pourtant plus qu'en deviner les formes.

Nous préférons le portrait de *Mme la vicomtesse de R...* de M. DELOBBE à sa *Vierge* dont nous avons déjà parlé. La tête d'une grande distinction, ressort au mieux sur le fond bleu et gris et la robe aux tons d'azur, complète cet arrangement sans prétention.

Après une longue absence de M. IG. DE LÉON Y CONSURA, mérite aussi d'être mentionnée.

Le spirituel et sympathique écrivain M. ALPHONSE DAUDET est bien représenté dans le portrait de M. FEYEN-PERRIN qui a emboîté le pas aux maîtres. M. Feyen-Perrin expose aussi *les Cancalaises*.

M. FERRIER nous a envoyé de Rome un *David* que nous n'avions pas encore vu et qui présente de belles qualités et une grande énergie et aussi *Betsabée* que nous avons déjà admirée à l'exposition anuelle des envois de Rome de l'Ecole des Beaux-Arts. — Le récit si poétique de l'ancien testament est bien interprété dans cette œuvre où Betsabée sort du bain entre les deux esclaves. De la terrasse de son palais, David est séduit par la beauté de la femme d'Ulri. Betsabée est bien la colombe dont le prophète Nathan parlera au roi dans sa touchante parabole. L'une des esclaves brune jette une tenture blanche d'une étoffe effilée sur le corps de Betsabée ; l'artiste obtient ainsi un contraste que viennent encore souligner et les colonnes jaspées des thermes et le costume rouge, or et vert de l'autre esclave. La pose de Betsabée est bien comprise et du meilleur goût.

*
* *

Le sculpteur Falguière, fort de son succès des *Lutteurs* (Salon de 1875) expose *Caïn et Abel*, peinture d'un modelé sculptural, où le corps d'Abel surtout présente une harmonieuse ligne. — M. Falguière qui est aussi bon musicien, qu'il est peintre et sculpteur est une des natures artistiques les mieux organisées de notre époque.

*
* *

« Suivant certaines coutumes, l'homme et la femme complices d'adultère étaient fustigés, nus, par la ville. » C'est sur cette légende que M. Jules Garnier a peint son tableau du *supplice des Adultères*. M. Garnier qui se complait aux scènes du moyen-âge a mis tout son esprit dans cette œuvre, c'est dire assez qu'elle est toute pétillante et assaisonnée du meilleur sel gaulois. Les deux personnages principaux sont d'un bon effet au premier plan et les figures des nombreux spectateurs expriment des sentiments du plus vrai comique. Les costumes sont bien rendus. Le fond du tableau nous donne un spécimen exact de l'architecture du moyen âge. M. Ganier expose en outre le *portrait de Mlle Réjane* du Vaudeville. L'artiste y est représentée en pied ; ce portrait se distingue par le bon goût de l'arrangement et des accessoires.

SIXIÈME ARTICLE

MM. L. C. Hénault. — Henner. — de Gironde. — Henry Harpignies. — Aug. Herlin. — Mlle M. Fichu. — MM. Ed. Hédouin. — Léon Herbo. — G. Krabausky. — Lefort des Ylouses. — Léon Leverd. — Charles Lobbedez. — Mme La Villette. — MM. Constant Lintelo. — L. Jarraud. — Lecomte du Nouy. — R. Mols. — Lematte. — Lehoux. — Luminais. — Le Marié des Landelles. — Hector Leroux. — Aug. Leloir.

La *Marchande de poissons de Boulogne-sur-Mer* de M. Hénault, professeur à l'Ecole des Beaux-Arts de cette ville, reproduit avec une grande exactitude la physionomie du sujet ; la couleur locale est bien rendue dans l'arrangement du costume. Nous nous croyons aux abords de la rue de l'amiral Bruix en voyant la jeune boulonnaise au large bonnet tuyauté, aux longs pendants d'oreille, encadrant une figure d'une grâce toute particulière. — La corde en sautoir du panier rejeté sur le dos, broche sur le corsage brun. Disons pourtant que le ton général de la peinture nous a semblé un peu froid et que le fond représentant les maisons du quai du marché n'est pas assez éloigné dans la perspective, le contraire donnerait, selon nous, plus de relief au sujet principal.

***

M. Huas expose deux beaux portraits dont l'un représente le *docteur Ricord*. *El Pelele* mœurs d'Espagne de M. A. Garcia Mencia offre une grande originalité de costumes.

Notons le *Coin de Cuisine en Normandie* de M. P. Guion et *au Printemps* de M. Girardet, cette dernière scène est d'un goût naïf et charmant ; les *deux paysages aux environs de Casteljaloux* (Lot-et-Garonne) de M. A. de Gassowski, méritent aussi d'être signalés.

Charles IX contraint de signer l'ordre de massacrer les Huguenots, le 24 août 1572, jour de la Saint-Barthelémy de M. Gide et à *Plessis-lez-Tours, un soir de 1479* de M. C. Hellgvist se remarquent aussi dans la salle 18, parmi les toiles historiques. On sent que M. Gide est l'élève de P. Delaroche. Quant au scandinave M. Hellgvist, nous croyons qu'il a voulu faire une accumulation d'horreurs, squelettes, etc. ; à ce titre, il a pleinement réussi.

***

Le *Portrait de Mme Karakeia* de M. Henner brille par son modelé puissant, qui fait ressortir l'énergie de la figure, et par cette tonalité sévère qui est spéciale à M. Henner. Le *Christ mort* du même auteur nous semble bien court de jambes.

Admirons le superbe *Portrait de Mme J...* et la *Paysanne* de M. JACQUET ainsi que la *Tireuse de cartes* de M. DE GIRONDE, œuvre d'un coloris brillant, d'un bon dessin et d'un arrangement excellent. La grâce de la femme couchée sur le divan contraste bien avec les traits sauvages de la bohémienne.

***

La *Vue prise en Allemagne* de M. W. GEGERFELT et l'*Effet de neige en Suède* sont d'un bel aspect. M. G. JUNDT a rendu le plein air avec un sentiment exquis dans ses *Fleurs de Mai* représentant une jeune fille assise au milieu des hautes herbes, d'un un pré fleuri. Les broussailles et le talus encadrent bien le *Chemin vert*, où paissent les vaches de M. DE GROISEILLIEZ.

***

M. HENRY HARPIGNIES (de Valenciennes) nous a rendu avec sa *maestria* habituelle, un effet de matin dans une *Prairie du bourbonnais* cotoyée par la rivière ou travaillent les lavandières. — Les arbres dessinent sur l'herbe de grandes ombres grises, les tons d'atmosphère qui bleuissent les collines sont bien distribués sur toute la profondeur du paysage et donnent l'impression d'une perspective à perte de vue.

Une *Affaire d'honneur* de M. AUGUSTE HERLIN (de Lille) nous représente deux dames accompagnées de leurs quatre témoins féminins. La scène se passe dans les dunes. — Le sujet est traité d'une façon spirituelle, mais une faute de perspective aérienne brouille la position des personnages. Le même auteur expose aussi *Stella Maris.*

Le *Portrait de Mme F. L...* par Mlle M. Fichu (de Lille) est bien haut placé, il faut des prodiges d'attention pour le remarquer et encore ne peut-on pas le distinguer, à cause des plis d'une toile mal tendue.

La *Paysanne Ossalaise* (Basses-Pyrénées) de M. Ed. Hédouin (de Boulogne-sur-Mer) est représentée dans un intérieur où la lumière se tamise à travers un carreau quadrillé. L'ensemble du tableau est rendu avec une grande simplicité.

L'*Eveillée* de M. Léon Herbo (de Templeuve) forme pendant à l'*Espiègle* dont nous avons déjà parlé. C'est un sujet gracieux ; un peu plus de chaleur dans les tons de chair accentuerait la mignardise et la miévrerie de cette enfant pleine de gentillesse.

Le *Portrait de Mme de W...* de M. Gustave Krabausky (de Roubaix) ne manque pas de vigueur et l'arrangement en est heureux, mais il y a selon nous, un soin trop minutieux d'exécution dans les détails des dentelles. Ceci sent le goût italien, — trop de procédé nuit parfois.

M. A. Lefort des Ylouses (du Câteau — Nord), donne un beau panneau décoratif, la *Gardeuse d'Oie.* La sobriété des tons rentre dans l'harmonie de ce sujet, interprété avec une grande délicatesse. Le trophée d'instruments de musique de M. Léon

Leverd (d'Hesdin), exposé sous le titre *Flûte et Violon* est bien ordonné, il est d'un bel effet décoratif. — La petite scène, une *Heureuse Famille* de M. Charles Lobbedez (de Lillle) est d'un beau sentiment et les personnages sont bien groupés.

Mme La Villette qui n'est point une étrangère pour notre pays, puisqu'elle habite Arras, a déjà obtenu une médaille au Salon de 1875. Les deux marines exposées cette année par Mme La Villette sont dignes en tous points des œuvres de l'année dernière.

La mer baigne les falaises pittoresques de la *Grève du Lohic* toute couverte de galets, — au milieu des flots scintillants sous les rayons du soleil, apparait l'île des Souris. — Une autre toile nous représente la *Grève de Laperrière, rade de Lorient, à la Marée montante.* A droite, une route d'un blanc de sable et de coquillage, descend des dunes parsemées de mousse et de grèles gazons ; sous les dunes et l'anfractuosité de la falaise, la mer s'étend brisée par un rocher ; l'on aperçoit au loin des barques et le steamer sortant du port de Lorient qui apparait à gauche au fond de l'horizon.

Le *Clos en Brie*, paysage d'automne de M. Constant Lintelo (de Lokeren — près Bailleul), représente un verger entouré de maronniers où paissent les vaches. — On y sent une grande fraicheur.

***

Nous regrettons de ne pouvoir décrire et apprécier dans leurs détails : l'*Intérieur de Village* de

M. ISRAELS ; les *Bouleaux de l'Automne* de M. ADOLF HIRSCH (de Stockholm) ; les *Convulsionnaires sur le tombeau du diacre Pâris dans le cimetière de Saint-Médard* de CHARLES HERBSTHOFFER ; les *Bords de la Seine, près de Troyes* et le *Cours du parc à Dijon, fin d'hiver*, par M. P. JEANNIOT, capitaine d'infanterie, fils d'un professeur de dessin de Dijon ; la *Messe de Saint-Hubert — Bénédiction des Chiens* de M CH. HERRMANN-LÉON ; le *Moulin Cottun, dans la vallée de Chevreuse* (Seine-et-Oise) de M. LÉON JOUBERT ; le *Vausseyon* de M. GUSTAVE JEANNERET ; la *Rentrée des Orphelines* et la *Via Flaminia à Rome* de M. PIO JORIS ; les *portraits du général de Palikao* et du *Comte de Chambrun* par Mlle NÉLIE JACQUEMART ; la *Rêverie* de M. HUGREL ; le *Furetage à Bois-Robert* (Seine-et-Oise) de M. ALPH. GAUDEFROY ; et le petit tableau de M. CHARLES HUE : « *Attendez-moi, sous l'Orme* ».

***

M. LÉONARD JARRAUD, dont le dessin est toujours très-précis et d'un effet simple et juste, expose une *Bonne Vieille* et la *Ménagère*. Le coloris est sobre, les attitudes très-naturelles et le sentiment vrai.

Les deux toiles de M. LECOMTE DU NOUY, surtout son *Vincent de Paul ramenant les galériens à la foi*, brillent au premier rang. Le groupement des personnages et la tonalité en demi teinte de l'apparition sont du meilleur effet.

Le second tableau du même auteur représente *Homère mendiant* : De chaque côté, l'Iliade et l'Odyssée sont personnifiées et au-dessous on lit cette épigraphe : « Et quelque grand que soit un homme, il n'est grand homme qu'à sa mort. »

Anvers en 1875 de M. Robert Mols, grand panneau décoratif, occupe tout un côté du Salon n°20. — L'œuvre est d'un ensemble très-beau.

Le *Portrait de M. A. Lange* par M. Lematte brille par le modelé et par la pose à la fois simple et naturelle. La *Constellation du Bouvier* de M. Lehoux montre une grande puissance de dessin et cette véhémence habituelle de coloris de l'auteur du *saint Laurent* (prix du Salon 1874).

Le *Mont Dol, au printemps* et les *Marais de Beaufort au soleil levant* sont peints largement et l'effet en est grand. Les *Suites d'un duel en 1625*, de M. Luminais et le *Portrait de Mme Luminais* sont d'une harmonieuse ligne de dessin ; dans le premier de ces tableaux les moines sont admirablement disposés et leurs physionomies sont très-habilement peintes.

M. Le Marié des Landelles a traité avec beaucoup de talent et une grande vérité d'observation la *Route de Rusteffan* (Finistère). Les rochers de droite, surmontés d'arbres aux feuilles d'automne, sont d'un aspect très-pittoresque. Deux femmes, l'une assise, l'autre debout sur la route dont la perspective est profonde.

Malgré les qualités de ce paysage, nous lui préférons la *ferme de Peine-Pont-Aven* (Finistère). Le ton de ciel, les accidents de terrain formant contraste avec le site riant et fleuri du verger, la route aux larges ornières de roue, sont d'une interprétation digne de tous les éloges.

***

Les *Funérailles de Thémistocle* de M. Hector Leroux est un tableau dont l'œil ne peut se lasser. Le parfum classique qui s'en exhale, l'arrangement attique et le dessin du meilleur goût, la sobriété et la distinction de l'exécution placent ce tableau au rang des chefs-d'œuvre. — Nous espérons le revoir au Luxembourg. La dépouille du guerrier de Marathon est portée sur les épaules de ses frères d'armes qui forment, avec les jeunes filles tenant à la main des torches fumantes et le peuple d'Athènes, un cortége imposant. La scène se passe sur le Pirée en vue de la flotte, et les Grecs se dirigent sous la tour où le bûcher funéraire est préparé. — Le modelé délicat ressort en transparence sous les gazes blanches des jeunes Athéniennes, les physionomies expriment une grande douleur, mêlée des légitimes regrets d'un peuple qui a méconnu un instant le sauveur d'Athènes. — Du même auteur, nous voyons aussi le *Procès d'une Vestale*, œuvre traitée comme les *Funérailles de Thémistocle* avec un profond sentiment archaïque.

En opposition, ou plutôt en pendant à la scène précédente, nous voyons le *Martyre d'une Vierge chrétienne* conduite dans l'arène par un couloir menant au colysée, de M. Aug. Leloir. Le sentiment est bien exprimé : une espérance divine flotte sur le front de la vierge que d'horribles dents de panthère ne peuvent effrayer.

***

Notons en terminant la *Vendange* de M. LÉON LHERMITTE ; le *Cabinet d'Amateur* de M. VICTOR LECLAIRE ; la *Sœur aînée* de M. MAX LIEBERMANN ; le *quai d'Ivry à Paris* de M. STANILLAS LÉPINE ; le *Rendez-vous des Cigognes dans une forêt d'Alsace* de M. HENRI LANGEROCK ; un *Cavalier, époque Louis XIII* et *portrait de Mlle Lesrel* par M. A. LESREL ; le *Déluge* de M. ALEXANDRE LAFOND ; *Clairière, dans la reine blanche* (forêt de Fontainebleau), de M. LOUIS LE CAMUS ; *Psyché rendu à l'Amour*, plafond de M. JULES MACHARD.

SEPTIÈME ARTICLE

MM. L. P. Penet. — Henri Moral. — Léon Moricourt. — Constant Petit. — H. Eug. Delacroix. — P. J. Blanc. — Lansyer. — Munkacsy. — Aug. Moreau. — Pelouse. — Gustave Moreau. — J. B. Bin. — Firmin Girard. — Léon Glaize. — Lematte. — Mazerolle. — Benjamin Constant.

M. Lucien-François Penet (de Thiennes — Nord) dont nous avons déjà parlé, expose aussi une belle nature morte, *Vase de fleurs, oranges et bijoux*. La disposition des fleurs est excellente, et M. Penet pourrait, dans ce genre aussi, obtenir un légitime succès.

Nous voudrions voir M. Henri Moral (de Lille) donner à ses tableaux une teinte plus énergique : son *Verger flamand* manque de chaleur.

M. Léon Moricourt (de Douai), fait preuve de certaines qualités dans son *Chemin de l'assemblée, en Bretagne*. Un peu plus de vigueur dans le coloris mettra en relief les qualités de M. Moricourt.

M. Constant Petit (de Douai) expose le *Portrait de M*me *...* Nous ne goûtons guère la peinture ni la disposition de ce portrait.

S'inspirant du *Paradis perdu* de Milton, M. Henri-Eugène Delacroix (de Solesmes — Nord) a peint les *Anges rebelles*.

« Après sa défaite, relevant l'étendard de la révolte, Satan ranime le courage de ses infernales légions et, comme un tourbillon, les entraîne à de nouveaux combats. » Le dessin des académies est d'une bonne exécution ; malheureusement la peinture est un peu cernée, on aperçoit le coup de crayon de la ligne qui borde les chairs ; ce travail préparatoire, l'esquisse au fusain doit disparaître sous la brosse, — les chairs et les muscles s'en arrondissent mieux. En somme, M. Delacroix a produit une belle œuvre que le ministère a eu raison d'acquérir. — Nous espérons voir bientôt les *Anges rebelles* figurer au musée de Lille.

L'*Adam et Eve* de M. Fernand Pelez, laisse aussi apercevoir le trait de fusain, — il semble que l'artiste se défie de son pinceau et lui assigne trop rigoureusement ses frontières.

***

M. Paul-Joseph Blanc a peint, avec un grand talent et ce coloris sobre qui lui est particulier, la *Délivrance*, (sujet inspiré par le Roland furieux d'Arioste) et aussi des miniatures qui représentent en projet, les fresques destinées au Panthéon. Le sujet est le *Baptême de Clovis, après son vœu de la bataille de Tolbiac* et les origines religieuses de la nation franque. On y voit Saint-Martin de Tours, Saint-Hilaire de Poitiers, Saint-Grégoire de Tours.

Le dessin de ces miniatures est d'un fini d'exécution qui promet de superbes pendants aux tableaux de M. Puvis de Chavannes.

***

La *Mort d'un Chêne*, et *un Grain sur la côte du Finistère* de M. Lansyer, sont au rang des meilleurs paysages. Le premier de ces tableaux donne un sentiment profond de la nature. On sent que le chêne est mort en géant, terrassé par la foudre et par l'ouragan.

Nous avons remarqué aussi le *portrait de Mme...* de M. Yves de Lafollie ; *En détresse*, de M. Mélicourt-Lefebvre ; « *Il n'est pas à plaindre, il croit* » de M. Horace Lengo ; l'*Intérieur d'Atelier* de M. Munkacsy, représentant le peintre hongrois, dans son atelier. Le contraste de la robe de velours bleu avec le veston gris du peintre est bien rendu. Les teintes noirâtres sont d'un bon effet et d'une meilleure harmonie que dans les œuvres précédentes de M. Munkacsy. Il y avait à vaincre une difficulté avec ces tons sombres de palette. — M. Munkacsy a résolu ce problème.

Le *Retour de la fête en Alsace*, de M. Charles Matthis, nous semble un peu maniéré. La *Porte des Ternes*, de M. Luigi Loir, est une très-bonne toile ; nous admirons aussi le *Port Saint-Nicolas à Paris* et la *Seine en vue de Rouen*, de M. Charles Lapostolet ; le *Saule* et la *Baigneuse* de M. Emile Lévy ; le *Pâturage dans le Pas-de-Calais* de M. Louis Lemaire ; le *portrait de M. Bouillaud*, mem-

bre de l'Institut, de M. HENRI LEHMANN, encore que l'exécution soit un peu aride ; la *Lettre de recommandation*, sujet gracieux de M. EUGÈNE LE ROUX ; le *portrait de Carpeaux* par M. AUGUSTE MOREAU (de Saint-Saulve-lez-Valenciennes) ; l'auteur du groupe de la Danse, y est représenté assis ; sur la table on aperçoit les réductions en estampage de deux de ses œuvres : *Flore* et l'*Enfant à la Coquille* ; le *Quastriesme discours des Dames galantes* de M. LUCIEN MÉLINGUE ; la *Marne à Chennevières*, de M. FRANK DE MESGRIGNY ; l'*Ange thuriféraire* de M. LAUGÉE ; *Manon Lescaut*, de M. MAILLART, que nous préférons à « *mes Filles* » dont l'exécution blafarde manque de consistance ; l'*Hymme au Créateur* de M. ADRIEN MARIE ; *Corinne* de Mme MADELEINE LEMAIRE, sujet traité à la Chaplin ; *près Villette* (Oise) de M. LOUIS MATIFAS ; *Prés de Brignolles* (Var) *par une matinée du Septembre*, de M. FRÉDÉRIC MONTENARD ; *Une séance de Cour d'assises* de M. ÉDOUARD MOYSE.

***

Les deux portraits de M. PAUL MATHEY sont d'une exécution franche, la peinture est énergiquement brossée. — Celui qui représente M. Duez, l'auteur des *Pivoines* du Salon de cette année, est posé avec un naturel exquis.

La palme pour les portraits doit appartenir au *portrait* peint par lui-même, de M. J. P. LAURENS. La tête michel-angesque du maître se prête au mieux d'ailleurs, à cette peinture vigoureuse.

M. J. P. Laurens expose, de plus, une peinture historique, *François de Borgia devant le cercueil d'Isabelle de Portugal.*

« François de Borgia fut chargé par l'empereur Charles-Quint d'accompagner à Grenade, le corps de l'impératrice Isabelle. Après la solennité des funérailles, il fit ouvrir le cercueil, afin de reconnaître le cadavre de sa souveraine défunte. A la vue de ce visage, autrefois plein d'attraits, à peine défiguré.... » Telle est la citation de la *Vie des Saints* que renferme le livret. La physionomie stupéfaite de François de Borgia, la douleur qui se lit sur ses traits, la figure décomposée de l'impératrice qui contraste avec le luxe des tentures qui la recouvrent, le profil de l'évêque en mitre blanche, la dame d'honneur, le groupe de moines et d'arquebusiers, le cierge à la lueur sinistre, tout cela est rendu avec ce talent puissant qui caractérise l'auteur de l'*Excommunication* (salon de 1875). Le sujet paraîtra au prochain salon, exécuté à l'eau forte par M. Henri Lefort.

***

Le portrait de M. Léonce Regnaud, directeur général des phares de M. Jules Lefebvre se distingue par le modelé de la figure. Certains empâtements grattés au couteau à palette donnent au relief des traits, un aspect d'une exactitude frappante. Du même auteur, une *Madeleine*, qui ressemble plutôt à une élégante baigneuse.

Le *Repos à la ferme* de M. Adrien Moreau, mais

surtout sa *Kermesse au moyen âge*, sont peints avec ce grand savoir, ce talent d'arrangement et ces mille nuances pleines de finesse qui distinguent M. Moreau. L'effet de plein air est d'une grande exactitude sans cette exagération de teintes pâles qui enlève au coloris sa puissance et rendent brumeux et gris le site le plus riant. Les personnages sont admirablement groupés, les figures prennent part à la fête, on sent que la joie anime ces danseurs qui ne ressemblent pas, comme dans la plupart des tableaux de ce genre aux figurants d'opéra-comique.

*
* *

Notons encore le *Premier pas* de M. MARCHAL, bien qu'on sente un trop grand apprêt dans la pose; *Psyché rendu à l'amour*, plafond de M. JULES MACHARD; le *portrait d'enfant* de M. LOUIS BOUTET DE MONVEL; *en Eclaireurs*, décembre 1870, de M. EUGÈNE MÉDARD; *Sur la route de Castellamare*, effet de plein air et la *Place des Pyramides*, effet de pluie de M. DE NITTIS; *L'entrevue du matin* de M. PILLE; *Frédéric Barberousse aux pieds du Pape* de M. ALBERT MAIGNAN; le *Traineau gallo-romain* de M. THÉOPHILE POILPOT; la *Plage de Tréport*, un peu trop faite de *chic* et sans consistance, de M. JULES NOEL; *un chemin* de M. ERNEST PONCHIN-TESTA; le *Soir* de M. JULES MASURE; et enfin le *portrait du vicomte de C...* posant avec son fusil, peinture blafarde de M. MONCHABLON, qui ne rachète pas avec sa *Jeanne d'Arc*, l'effet glacial de son portrait.

*
* *

Dans une *Coupe de bois à Senlisse* (Seine-et-Oise) M. Léon-Germain Pelouse nous montre la nature au moment où le ciel s'illumine des feux fantastiques du soleil couchant. Les nuages roses s'enfuient devant la nuit qui recouvre déjà de son linceul, le chêne et les bouleaux. — Les félicitations légitimes qui ont été adressées à M. Pelouse, dès la séance du vernissage, lui présageaient la haute récompense que le jury vient de lui accorder.

*
* *

Hercule et l'Hydre de Lerne, de M. Gustave Moreau, sont d'une conception étrange et absolument originale. L'hydre aux sept têtes et Hercule, que nous nous représentons sous des formes plus rudes, sont des créations permises à celui qui possède le talent archaïque de disposition et d'arrangement de M. Moreau. Savoir charmer par un coloris aussi puissant et par la richesse orientale des tentures, n'est-ce point assez ? Faut-il que tout sujet mythologique soit toujours traité sous les formes froides de la convention classique ? La *Salomé*, du même auteur, est peinte avec un luxe de pierreries et d'ornements qui font ressortir l'allure de la danseuse et le singulier regard d'Hérode qui la considère d'un regard passionné.

*
* *

Il ne faut pas ouvrir le livret, pour voir que M.

François Flameng est l'élève de M. J.-P. Laurens ; son *portrait de Mgr B....* évêque de C... (Espagne) en atteste suffisamment.

M. J.-B. Bin a peint sous le titre l'*Harmonie*, un plafond pour la salle à manger de la grande chancellerie de la Légion d'honneur. — Apollon occupe le centre, entouré de femmes drapées, et sur tout le pourtour, règne une balustrade où sont groupés des musiciens dont les costumes rappellent ceux de la cour de François Ier.

Le tableau de M. Firmin Girard, le *Marché aux Fleurs*, est d'une étourdissante habileté. Mais nous ne saurions voir sans regret se propager ce genre plutôt fait en vue de la foule, ignorante des procédés et inconsciente du sentiment artistique, que du public qui cherche à s'instruire par l'étude et par la comparaison et demande à la peinture une émotion que la photographie ne saurait produire en lui. L'exactitude mécanique entraîne fatalement avec elle quelque chose de brutal qui fatigue,— ce n'est pas créer que copier. Il faut, dans toute œuvre, une idée dominante, un sentiment, un but. Que serait pour nous le souvenir de Corot, si l'illustre paysagiste s'était borné à représenter, avec une exactitude photographique, des bœufs et des arbres ?

Où est le poète, où est l'artiste dont la devise a été de s'adonner à l'imitation ? — Mais nous le répétons, le *Marché aux Fleurs* est d'une grande habileté.

***

M. Léon Glaize, qui fut mis si jeune et à juste titre hors concours, nous montre *Orphée* tenant dans ses bras Eurydice. Sans vouloir contester le grand mérite de certains morceaux, nous devons dire que le groupe ne nous semble pas heureusement disposé, le corps d'Eurydice paraît en effet, un peu court.

Oreste et les Furies de M. Lematte est un tableau de grande peinture que nous avions déjà vu à l'exposition des envois de Rome, à l'Ecole des Beaux-Arts.

Notons en terminant ces articles sur la peinture, le *Miroir de Scey, à la tombée de la nuit — Souvenir de Franche-Comté* et le *portrait de M. B...* de M. Français ; un *Ordre d'écrou* et le *Harem à la Campagne sur le Bosphore* de M. Albert Pasini ; *Didon aux Enfers* de M. Georges Moreau de Tours ; et le *Labour en Algérie* de M. Gustave Guillaumet.

***

La *Filleule des Fées* de M. Mazerolle est destinée à une tapisserie qui sera exécutée aux Gobelins. La beauté du dessin, le charme des couleurs, la grâce des figures des deux bonnes fées, dont l'une est nue, l'autre drapée auprès de l'enfant qui occupe le centre du tableau, les ornements admirablement compris dans le genre décoratif ; tout cela présente un admirable canevas pour une tapisserie.

L'entrée de *Mahomet II* à Constantinople, de M. Benjamin Constant, attire l'œil par les dimensions et par le coloris brillant, imité de Regnault. —

Autour de Mahomet à cheval, accompagné de ses vizirs et de ses pachas, les cadavres semblent un peu rangés en accessoires, comme dans le dernier acte de *Roland à Roncevaux*. — Malgré cela, nous devons avouer que pour concevoir et exécuter une toile de cette nature, mettre en rapport avec les mœurs d'une époque ces costumes éclatants ces brillantes armures, il faut beaucoup de hardiesse et de tempérament.

P. S. — Voici la liste des récompenses accordées cette année par le jury.

Médaille d'honneur : Dubois (Paul), statuaire.

Prix du Salon : Sylvestre (Joseph-Noël), peintre.

SECTION DE PEINTURE.

Médailles de 1re classe : Sylvestre (Joseph-Noël). — Dubois (Paul). — Lematte (Jacques). — Pelouse (Léon-Germain).

Médailles de 2me classe : Ferrier (Joseph). — Maignan (Albert). — Perrault (Léon). — Gros (Lucien). — Constant (Benjamin). — Herpin (Léon). — Moreau (Adrien). — Mols (Robert). — Renot (Charles).

Rappels de Médailles de 2e classe : Gervex (Henri). — Guillemet (J. B. Antoine). — Wauters (J. B. Emile).

Médailles de 3me classe : Renard (Emile). —

Rixens (Jean-André). — Mengin (Auguste). — Rozier (Dominique). — Delacroix (Henri-Eugène). — Charnay (Armand). — Mathey (Paul). — Nittis (Joseph de). — Mortemart-Boisse (Enguerrand, baron de). — Morot (Aimé-Nicolas). — Gonzalès (Jean-Antonio). — Toudouze (Edouard). — Watelin (Louis-Victor). — Rosier (Amédée). — Van Haanen (Cécil). — Pelez (Fernand).

Mentions honorables : Durangel (Léopold). — Pointelin (Auguste). — Damoye (Pierre). — Joris (Pio). — Wencker (Joseph). — Capdevielle (Louis). — Rouffio (Paul). — Garnier (Jules-Arsène). — Jeannin (Georges). — Vimont (Edouard). — Clairin (Georges). — Escalier (Felix).

SECTION DE SCULPTURE.
(gravure en médailles et sur pierres fines).

Médailles de 1re classe : Coutan (Jules-Félix). — Marqueste (Laurent). — La Vingtrie (Paul de).

Médailles de 2e classe : Albert-Lefeuvre (Louis). — Hugoulin (Emile). — Hoursolle (Pierre). — Vasselot (Anatole-Marquet de). — Cordonnier (Alphonse).

Rappels de Médailles de 2me classe : Chrétien (Eugène). — Aubé (Jean).

Médailles de 3me classe : Paris (Auguste). — Icard (Honoré). — Christophe (Ernest). — Cougny (Louis-Edmond). — Tournoux (Jean). —

Ferru (Félix). — Ponsin-Andary. — Allouard (Henri).

Mentions honorables : Peiffer (Auguste). — Basset (Urbain). — Lemaire (Hector). — Guglielmo-Lange. — Dupuis (Daniel). — Beylard (Charles). — Garnier (Gustave). — Marcello (A). — Jouneau (Prosper). — Bernhardt (Sarah). — Davau (Victor), graveur sur pierres fines. — Mabille (Jules-Louis). — Fannière (François-Auguste).— Lormier (Edouard). — Moreau (Hippolyte). — Gaggiano (Emmanuel). — Tasset (Ernest-Paulin), graveur en médailles.

SECTION D'ARCHITECTURE.

Médailles de 1re classe : Hermant (Pierre). — Thomas (Albert).

Médailles de 2me classe : Boudier (Abel). — Formigé (Jean). — Scellier (Louis).

Rappels de Médailles de 2me classe : Baillargé (Alphonse). — Selmersheim (Paul).

Médailles de 3me classe : Benouville (Pierre). — et Pons (Jules). — Bruneau (Eugène). — Chardon (Ernest). — Guérinot (Antoine).

SECTION DE GRAVURE ET DE LITHOGRAPHIE.

Médaille de 1re classe : Biot (Gustave), graveur au burin.

Médailles de 2me classe : Pannemaker (Stéphane),

graveur sur bois. — POTÉMONT (Alphonse), graveur à l'eau forte. — GREUX (Gustave), graveur à l'eau forte.

Rappel : JACQUET (Jules), graveur au burin.

Médailles de 3me classe : ANNEDOUCHE (Alfred), graveur au burin. — LALAUZE (Adolphe), graveur à l'eau forte. — MONZIÉS (Louis), graveur à l'eau forte. — CICÉRI (Eugène), lithographe. — MONGIN (Augustin), graveur à l'eau forte. — LURAT (Abel), graveur à l'eau forte.

Mentions honorables : LEVEILLÉ (Auguste), graveur sur bois. — LAMOTTE (Alphonse), graveur au burin. — BOILVIN (Émile), graveur à l'eau forte. — SARGENT (Alfred), graveur sur bois. — TOUSSAINT (Charles), graveur à l'eau forte.

HUITIÈME ARTICLE

Sculpture

MM. PAUL DUBOIS. — HIOLLE. — CRAUCK. — CORDONNIER. — AIZELIN. — LEROUX. — LAFRANCE. — LAOUST. — ALBERT LEFEUVRE. — RINGEL. — Mlle SARAH BERNHARDT. — Mme LÉON BERTAUX. — MM. MARQUESTE. — COUTAN. — P. DE LA VINGTRIE. — FALGUIÈRE. — MERCIÉ. — CHAPU. — DELAPLANCHE. — SCHŒNEWERCK. — ANTONY NOEL. — PONSIN-ANDARY. — GAUTHERIN. — HOURSOLLE. — COUGNY. — CHRISTOPHE.

L'œuvre qui dès les premiers jours, attirait l'attention de tous et suscitait l'admiration des amis du beau, la *Charité* de M. PAUL DUBOIS, représente cette année au Salon, avec son *Courage militaire*, l'expression la plus parfaite du grand art.

La simplicité de la pose, les plis si vrais de la robe unie et serrée à la taille, l'arrangement des deux enfants, mais surtout la grâce divine et pure de la figure de la *Charité* qui nous rappelle les vierges de Raphaël, ont su conquérir à l'auteur du

Chanteur florentin, la première récompense que le jury puisse accorder.

Le *Courage militaire* est personnifié par un guerrier, s'appuyant sur son épée, vêtu d'un justaucorps et coiffé d'un casque Renaissance ; — l'allure est grande et fière, les draperies, formées d'une peau de lion tombant sur la cuisse, colorent le sujet et lui donnent un mouvement plein de noblesse sans aucune affectation. — Ces deux statues sont destinées au monument qui sera élevé à Lamoricière, dans la cathédrale de Nantes. — Une autre statue représentera la *Foi*.

*
* *

M. Hiolle (de Valenciennes) a exposé un *saint Jean de Matha*, qui se distingue par la bonne harmonie de l'exécution. Cette statue, dont nous ne voyons que la réduction, est destinée à décorer l'église Sainte-Geneviève.

M. Crauck, compatriote de Carpeaux, comme M. Hiolle, nous montre, outre la statue en marbre de *Claude Bourgelat*, fondateur des écoles vétérinaires, la statue en bronze du *maréchal Niel*. Nous ne pouvons qu'admirer le grand caractère de cette œuvre, qui sort de ces vulgarités où l'on s'efforçait de donner à tous les chefs militaires, l'allure pleine de crânerie d'un zouave qui monte à l'assaut. L'air réfléchi convient infiniment mieux aux officiers généraux, qui se sont occupés surtout de l'armée au point de vue scientifique, et furent des organisateurs.

La salle d'attente de la nouvelle chambre des députés à Versailles a mis au jour deux bustes militaires, signés de M. Crauck : ce sont les *généraux Yusuf et Camou.* — Nous profitons de ce compte-rendu pour exprimer, à ce sujet aussi, nos plus grands éloges à l'illustre artiste du Hainaut. — Il nous a été donné de voir aussi une statue de *M. le maréchal de Mac Mahon*, par M. Crauck. Les praticiens en auront bientôt terminé le marbre.

M. Alphonse Cordonnier (de la Madeleine-les-Lille) a obtenu une médaille de 2e classe pour sa *Médée* qui à coup sûr ne manque pas de théâtral — c'est plutôt le reproche contraire qui pourrait lui être adressé ; — nous préfèrerions dans ce groupe plus de contenu, quelque chose de grand qui n'enlèverait rien à l'allure tragique de l'épouse de Jason ; — il y a, en un mot, entre la donnée et l'exécution, toute la distance qui sépare la tragédie du mélodrame; — l'expression de figure est bien rendue, la statue se présente mieux de face que de dos: Médée est affaissée plutôt qu'elle n'est assise sur son siége.

***

L'*Orphée* de M. Aizelin se distingue par le caractère et par l'expression, son *Amazone vaincue* nous charme plus encore par l'interprétation énergique des traits et la beauté féminine du corps.

M. Etienne Leroux, l'auteur de la *Somnolence* (Salon de 1870) et *Démosthène* (Salon de 1875). expose cette année une *Amazone blessée.* Le trait qui a percé la guerrière du Thermodon semble servir du support au bras ; l'habile artiste modifiera peut-être l'arrangement de ce plâtre, lors de l'exécution en marbre.

Le *tombeau de Mme K...* pour le cimetière Montparnasse est d'un beau sentiment.

Nous y retrouvons bien l'auteur de la *Bouquetière* (musée du Luxembourg et musée de Lille) et du buste d'*Alexandre Dumas, fils*. — On voit dans l'atelier de M. Leroux, un buste en marbre du *contre-amiral du Mackau*, et une maquette en cours d'exécution du buste de *Mlle Legault*, du Gymnase.

*
* *

Le *saint Jean* de M. LAFRANCE nous donne l'exécution en bronze de l'envoi de Rome, avec lequel l'artiste obtint une médaille de 1re classe. — *Saint Jean faisant sa croix* de M. LAOUST (de Douai) est une des belles œuvres du Salon. Notre compatriote expose en outre le *médaillon en bronze de Mme Vienne* qui se fait remarquer par de belles qualités; — il faut grand peine pour le découvrir, car il est installé sur l'une des cymaises qui règnent à chaque extrémité.

L'*Adolescence* de M. ALBERT LEFEUVRE est d'un sentiment tendre et délicat. Le corps exprime une grâce enfantine, il s'exhale de cette statue un parfum de jeunesse, que la figure retrace bien dans sa suave simplicité. — Un certain côté frustre qui disparaîtra malheureusement avec le marbre, attache l'œil et le captive. Le jeune artiste à qui le jury a accordé une 2e médaille, s'est vu aussi décerner *le prix de Florence* (5,000 fr.) que le journal *l'Art* a institué l'année dernière à l'occasion du quatrième centenaire de Michel-Ange. — M. Ringel, élève de M. Falguière comme M. Albert Lefeuvre, expose sous le titre la *Fille de Roland*, le portrait de Mlle Sarah Bernhardt; — sans contester les qualités de cette œuvre, nous ne pouvons nous empêcher de trouver que le sujet paraît trop court et que la tête pourrait montrer plus de finesse. Les grandes dimensions de la Durandal que Mlle Sarah Bernhardt tient en ses mains, écrasent la statue qui devient presque aussi large qu'elle n'est haute.

Après la tempête de Mlle Sarah Bernhardt est entouré chaque jour d'un groupe de curieux.— Les uns émettent les suppositions les plus déplaisantes, d'autres distillent une critique acerbe et déclarent n'y trouver la trace d'aucun sentiment, en contestant toute valeur artistique à une œuvre qui a demandé un grand travail et prouve évidemment du talent, de l'étude et du tempérament. En un mot, nous remarquons, comme aux fauteuils de la Comédie française, les détracteurs qui se défient de leurs émotions et les fanatiques qui se laissent émouvoir. Comme nous nous glorifions d'appartenir à ces derniers et d'avoir applaudi, à tout rompre, la *Fille de Roland*, *Zaïre* et *Andromaque*, nous nous permettrons d'applaudir encore aujourd'hui et féliciter Mlle Sarah Bernhardt d'un si beau début. — Nous le déclarons en toute sincérité, nous ne voulons nous livrer à aucune analyse, encore que nous puissions adresser les plus sincères louanges à la tête de l'enfant, par exemple, qui est du meilleur modelé.

Mme Léon Bertaux, s'inspirant des *Orientales* de Victor Hugo, expose la statue en marbre de la *Jeune fille au bain* dont nous avons déjà admiré le plâtre.

> *Elle est là, sous la feuillée,*
> *Eveillée*
> *Au moindre bruit de malheur ;*
> *Et rouge, pour une mouche*
> *Qui la touche ;*
> *Comme une grenade en fleur.*

Nous supprimerions volontiers la mouche qui se trouve sur le dos potelé de la statue, cette œuvre pleine de goût en conservera son caractère gracieux et souriant.

***

M. Marqueste (prix de Rome) dans son *Persée et la Gorgone* a fait preuve d'un talent qui justifie la haute récompense accordée par le Jury. — Mille difficultés surgissaient autour de ce sujet tant de fois exécuté et dont l'arrangement se présente souvent sous une forme banale ou torturée. M. Marqueste y a imprimé un mouvement heureux, et ses deux personnages sont bien choisis. — Tous les morceaux de cette œuvre méritent d'être signalés.

MM. Coutan (prix de Rome) et de la Vingtrie ont obtenu du Jury la même distinction que M.

Marqueste. — L'*Eros* de M. Coutan et son *Œdipe et le Sphinx* bas-relief en platre (un peu trop ornementé) méritaient une récompense. Eros (d'une exécution élégante) debout sur un pied, regarde en souriant deux amoureuses colombes. — Le *Charmeur* de M. P. DE LA VINGTRIE est d'un modelé remarquable. Les pieds pourtant n'offrent point la même grâce que le reste du corps.

***

Ceux qui ont vu, il y a dix-huit mois, à l'Ecole des Beaux-Arts, les projets esquisses de monument à élever à Macon à la mémoire de Lamartine, n'avaient pu hésiter un seul instant sur le choix que le Jury ferait du projet de M. FALGUIÈRE. — La statue était en bonne harmonie avec le reste du monument qui doit, d'après nos souvenirs, être d'une hauteur d'au moins six mètres. — M. FALGUIÈRE s'est vu forcé d'exposer sur le simple piédestal traditionnel, l'exécution en plâtre de la statue qui semble trop effilée et toute en longueur. — Nous ne doutons pas qu'une fois installée à sa place définitive, l'œuvre du grand artiste ne reprenne la proportion première ; au surplus, ce ne sera jamais la faute de M. Falguière, si nos costumes actuels présentent un aspect si froid, si étriqué, si rectiligne. La tête de l'auteur des *Méditations* est d'une grande ressemblance. Inutile de faire l'éloge du modelé et des draperies qui étaient pourtant bien difficiles à trouver. Le buste en bronze de *M. Carolus Duran*, du même auteur, présente cette facture particulière à M. Falguière; on y sent la patte vigoureuse et le génie puissant de l'artiste.

Le *David avant le Combat* que M. Mercié appelle modestement une statuette et à laquelle il a laissé cette exiguité de dimension qui convient aux œuvres gracieuses destinées à l'ornementation intérieure, est empreint d'une grandeur sculpturale qui arrête longtemps le spectateur. — Le modelé, l'allure, l'écharpe en forme de turban qui retient la chevelure, la figure presque enfantine du vainqueur de Goliath, donnent à l'œuvre de M. Mercié une belle place au rang des sculptures de cette année. — *Fleur de Mai*, du même auteur, sujet à la Chaplin, respire une grâce et un parfum exquis.

Notons les deux bustes de M. Chapu, celui d'Alexandre Dumas père surtout, qui est en marbre et reproduit bien la physionomie de l'auteur des *Mousquetaires* et celui de M. M..., en bronze, dont la coupe est moins gracieuse.

Le buste en marbre de *Mme Eugénie Doche* par M. Delaplanche est d'une ressemblance parfaite et d'un travail fini; sa *Vierge* est aussi loin de la forme mystique que des vulgaires conceptions de notre époque; le caractère en est des plus religieux et d'un grand sentiment.

M. Schœnewerck, dont le buste de Victor Hugo au foyer restauré de l'Odéon, a valu à son auteur tant et de si légitimes félicitations, fait preuve dans sa baigneuse intitulée *Hésitation*, d'une délicatesse et d'un savoir qui méritent les plus grands éloges. La pureté attique de la ligne, le profil suave et pudique feraient croire à un chef-d'œuvre de l'antiquité.

M. Antony Noel expose une *Baigneuse* dont le corps jeune et gracieux semble malheureusement charbonné par les veines du marbre. — La tête est d'une expression suave.— C'est une déesse que M. Noël a fait sortir de son marbre sous le nom de *Mlle Léonide Leblanc*. L'ampleur et la richesse de ce travail en font une œuvre de premier ordre.

* * *

Le *Conteur Arabe* de M. Ponsin-Andary est un chef-d'œuvre de modelé et d'allure. La tête est d'une remarquable finesse et semble parler; le mouvement du bras qui gesticule et souligne malicieusement est en parfaite harmonie avec le sourire. Un morceau de cette importance présage bien des succès.— Chacun s'est arrêté en éprouvant un sentiment d'admiration devant le *Saint Sébastien* de M. Gautherin. Le corps, d'une nature fine et belle, est traité avec beaucoup d'art, la blessure de la flèche ne présente pas l'exagération accoutumée en pareil sujet. La tête est vraie et pleine de sentiment.

« *Cet âge est sans pitié* » de M. Hoursolle prouve, une fois de plus, que la valeur n'attend pas le nombre des années (M. Hoursolle est à peine âgé de 24 ans). Le corps de cet enfant couché est d'une exécution parfaite.

Jean de la Quintinie, statue de M. Cougny destinée à l'école d'Horticulture, est sculptée avec une grande distinction et drapée avec ampleur et sans recherche.

Depuis quinze ans, M. Christophe, un élève de Rude, travaillait au marbre le *Masque*. Le jury n'a pu résister au désir de récompenser une œuvre dont on parlait depuis longtemps et qui n'a pas produit l'impression de grandeur que l'on en attendait.

NEUVIÈME ARTICLE

Sculpture

(SUITE)

MM. JULES MABILLE. — LOUIS AUVRAY. — EMILE TRUFFOT. — VICTOR BERNARD. — E. DAVRIL. — E. HOUSSIN. — EMILE CARLIER. — JEAN FRÈRE. — CH. CORDIER. — L. MEUNIER. — AUBÉ. — BAUJAULT. — BLANCHARD. — ALLAR. — LEHARIVEL-DUROCHER. — MATHURIN MOREAU. — CAILLÉ. — CHRÉTIEN. — FRÉMIET. — MOULIN. — CH. GAUTHIER. — JACQUES. — VIDAL. — ALFRED LENOIR. — DELOYE. — GONTIER. — DEGEORGE. — CHERVET. — FRANCESCHI. — HIPP. MOREAU. — DELORME. — Mlle DUBOIS DAVESNES. — BOGINO. — HUGOULIN. — CROISY. — MOREAU-VAUTHIER. — P. D'EPINAY. — ICARD. — CHATROUSSE.

L'influence des écoles de Beaux-Arts de province se fait ressentir chaque année avec plus de vigueur. Nous donnons pleinement raison à ceux qui soutiennent que bien souvent c'est à leur existence et à leur bonne direction que l'artiste doit cette première

impulsion qui l'a lancé dans la carrière. Il nous serait facile de nommer, dans nos deux provinces d'Artois et de Flandre, toute une pléiade d'artistes qui n'ont eu, à leur début, que l'appui des municipalités pour entrer dans les écoles académiques, et plus tard ont été secondés soit au moyen des subventions communales ou départementales, soit à l'aide de legs établis par des particuliers, comme, par exemple, la dotation Wicar à Lille, qui sert à envoyer, chaque année, un artiste à la villa Médicis.

Puisque l'origine de carrières si glorieuses pour ceux qui n'ont pas reçu à leur naissance les bienfaits de la fortune, peut être portée à l'actif des communes et des assemblées départementales, nous espérons que nos municipalités et nos Conseils généraux ne s'arrêteront pas en aussi bon chemin, et ne négligeront rien, tant pour la création de nouvelles subventions que pour l'attribution immédiate des legs faits depuis longtemps par les particuliers.

*
* *

Valenciennes, Douai et Cambrai fournissent à la sculpture et à la peinture un contingent d'artistes, dont la plupart ont déjà figuré dans ce compte-rendu. Il en est plusieurs encore à qui de légitimes éloges doivent être adressés.

M. Jules Mabille (de Valenciennes) avec sa *Pastorale* et son *Portrait de M. D.....* fait preuve d'un talent qui prend un bel essor et veut conquérir le dé. Il y a du savoir et un souffle classique dans la tête d'étude, *Solon*, de M. Louis Auvray (de Valenciennes). Les plis du cou pourraient être d'un travail moins brusque et faire mieux sentir la main de l'artiste. M. Auvray expose en outre le buste en bronze de *M. Alexandre du Bois*, architecte du Gouvernement.

L'*Amour et la Folie*, groupe en bronze de M. EMILE TRUFFOT (de Valenciennes) est un gracieux sujet qui ne pourra que gagner à la réduction ; le *Buste de Carpeaux*, du même auteur, rivalise par l'allure avec celui de M. VICTOR BERNARD dont le masque a été moulé après décès sur l'original.

MM. EUGÈNE DAVRIL et EDOUARD HOUSSIN, tous deux de Douai, ont exposé deux portraits, le premier est en plâtre teinté, nous lui préférons le *Portrait de M. P. V...* de M. Houssin.

Après un travail consciencieux d'une année, travail dont nous avons eté souvent le témoin, M. EMILE CARLIER (de Cambrai) a mis au jour le plâtre de la statue plus grande que nature, d'*Enguerrand de Monstrelet, chroniqueur français du XVe siècle*. Le livret nous indique que l'œuvre est destinée à la ville de Cambrai. — L'artiste, qui se trouvait aux prises avec un costume aux draperies bizarres, s'en est avantageusement acquitté.

M. JEAN FRÈRE (de Cambrai) aura à finir les pieds et achever un peu le travail de sa *Cendrillon*, s'il la destine à un coulage en bronze.

M. CH. CORDIER (de Cambrai) expose la réduction, en onyx du Mexique et en argent, du monument à élever à Mexico à Cristophe Colomb. — Chacun se rappelle ce monument colossal qui, l'année dernière, attira pendant trois mois les regards des promeneurs des Champs-Elysées. Notons un bon portrait de *M. G....* par M. LOUIS MEUNIER (de Solesmes, Nord).

***

M. AUBÉ a rendu avec beaucoup d'esprit et un charme exquis le premier mouvement de la *Statue de Pygmalion*.

M. BAUJAULT a fait fausse route, cette année, dans sa *Jeune fille entendant un premier chant d'amour*. Les jambes appartiennent à une femme, mais le buste est à ce point effilé et grêle, et en telle disproportion avec le reste du corps que l'on ne peut imaginer où l'habile auteur du *Premier Miroir* a trouvé son modèle.

Mentionnons le *Faune* de M. BLANCHARD qui, par la correction de la forme, dénote l'étude et le savoir, et aussi la *Tentation* de M. ALLAR.

La statue de *M. A. de Caumont*, de M. LEHARIVEL-DUROCHER, est une nouvelle preuve des insurmontables difficultés que l'artiste rencontre à interpréter en pied un personnage revêtu du costume moderne. La figure est d'une grande vérité, la pose est simple et naturelle, l'allure est d'une bonhomie peut-être un peu exagérée.

La *Baigneuse* de M. MATHURIN MOREAU est un marbre gracieux.

Admirons encore le *Caïn* de M. CAILLÉ; c'est bien sous cet aspect à la fois puissant et farouche que l'on doit représenter le meurtrier d'Abel poursuivi par le remords. La rudesse du *Prisonnier de guerre* de M. Chrétien rentre bien aussi dans la gamme du sujet. Il représente un prisonnier, les mains liés sur le dos, à qui on rive le pied dans un anneau de fer.

Retiaire et Gorille, de M. Frémiet, ainsi que la *Dame de la Cour* (XVIe siècle) sont dignes de l'auteur de la *Jeanne d'Arc de la place des Pyramides* et de la *Jeanne d'Arc agenouillée* (Salon de 1875). M. Frémiet, élève de Rude, est l'héritier du talent de son maître et de celui de de Barye et il occupe actuellement au Muséum une chaire où les animaliers de l'avenir pourront aller s'instruire à ses leçons.

M. Moulin expose le *Buste en bronze de Barye* son maître. Inutile de dire que l'œuvre est bien exécutée et que le modelé en est puissant.

M. Charles Gautier, un des noms les plus sympathiques parmi les sculpteurs, expose une statue en marbre destinée à M. du Sommerard, représentant la *France triomphante à l'exposition de Vienne.* De quelque côté que l'on examine le sujet, on remarque toujours un profil heureux et un arrangement de draperies d'une habileté délicate et attique. (Les belles cariatides de la maison portant le no 97 de la rue de Rennes sont dues aussi à l'ébauchoir habile de M. Gauthier).

Notons aussi les bustes de *M. Crémieux* et de *M. Strauss*, avocat, par M. Jacques, que l'on rencontre souvent avec le sculpteur aveugle M. Vidal. M. Vidal expose cette année un cheval arabe blessé, sous le titre *Après la bataille.* Au premier abord, on se refuserait à croire qu'un sculpteur totalement privé de la vue, parvienne à modeler un sujet, nous avons dû nous rendre nous-même à l'évidence en visitant l'atelier de la rue d'Enfer où nous avons vu M. Vidal exécuter les maquettes de ses animaux.

***

J'ai passé ma jeunesse à me faire adorer :
Je suis la froide et méchante souveraine ;
Tous, ils baisent ma main, comme une main de reine.
(F. COPPÉE. — *Le Passant).*

Telle est bien la *Sylvia* de M. ALFRED LENOIR. — Dans ce buste en marbre, le jeune artiste a fait preuve de son bon goût habituel. — (Nous avons remarqué, aux dessins, une charmante miniature de Mme LOUISE BERNARD, née VAILLANT, réprésentant M. Alfred Lenoir). — Mais fuyons *Sylvia* ; ... — tout aussi bien nous ne sommes point Zanetto, — et, sans transition, admirons le buste de *M. Littré* par M. DELOYE. L'illustre académicien y est représenté, sans souci de la beauté académique. On prétendait que M. Deloye, ayant vu à Florence la statue de Machiavel remarqua dans les traits du grand philosophe une ressemblance avec ceux de M. Littré. C'est ce rapprochement qui nous aurait valu le buste de cette année. Le buste de M. GONTIER nous montre bien *Sainte-Beuve* spirituel et sensuel. Quant au portrait d'*Henri Regnault* par M. DEGEORGE nous trouvons que la figure est trop arrondie et que le mouvement des sourcils et du nez ne sont pas ceux que nous avons coutume de voir dans les portraits de l'auteur de *Salomé*. Ce buste a peut-être le grand mérite d'être plus exact que ceux des devanciers qui, s'inspirant d'une tête déjà belle et expressive, auraient eu le tort de créer un type définitif peu ressemblant. Le fait n'est pas sans précédent. — Mentionnons le *Buveur* de M. Chervet, les portraits d'une beauté fine et expressive de M. Franceschi, la *Jeunesse* de M. Hippolyte Moreau et le *Mercure* de M. Delorme. Mlle Dubois-Davesnes nous donne le charmant portrait en terre cuite de *Méderic Got*, le fils du doyen de la Comédie française.

***

Pourquoi personne ne s'est-il avisé de parler du monument de *Mars-la-Tour* de M. Bogino, qui occupe le centre du Jardin de la Sculpture ? Ce ne peut être le fait de l'oubli, mais bien un peu celui d'une délicatesse que chacun comprendra. Ce monument est déjà sacré pour nous, il domine les champs de bataille de Gravelotte, St-Privas, Sainte-Marie-aux-Chênes, Rezonville et Mars-la-Tour ; — il est sous la garde des Allemands. — L'heure de la critique a passé.

***

Oreste réfugié près de l'autel de Pallas a valu à M. Hugoulin une récompense prévue et méritée. — Le corps d'Oreste est d'une heureuse harmonie et il exprime bién l'abattement tragique du fils d'Agamemnon ; la statue de Pallas aurait pu être conçue d'une manière plus originale. *Paul Malatesta et Françoise de Rimini*, de M. Croisy, sont bien groupés, les figures y sont d'une adorable beauté et en pleine conformité avec le sujet, inspiré de l'*Enfer* du Dante. La statue en marbre de *Betsabée* par M. Moreau Vauthier est une œuvre ample, d'une conception large et d'une exécution finie. Le *David* de M. P. d'Epinay est bien campé, et présente de belles qualités sculpturales. Les traits expriment une certaine rage sournoise qui donne à David une allure enfantine. Le sujet peut être compris et interprêté de cette manière. Le *saint Jérome* de M. Icard est d'un modelé très-expressif; le corps décharné, osseux, émacié du solitaire, sa figure repentante et sa bouche qui articule une éternelle prière sont bien rendus. L'attiude générale du corps est aussi d'un bon effet.

Le marbre reproduit les *Crimes de la guerre* de M. Chatrousse avec l'énergie qui convient bien à ce sujet dramatique et passionné. La composition est d'un goût sûr, nous remarquons surtout la jeune femme couchée sur les genoux du vieillard. — La *jeune Parisienne*, du même auteur, est une statue élégante, qu'une riche toilette colore au mieux.

DIXIÈME ARTICLE

Sculpture

(FIN)

MM. Bourgeois. — Gaudez. — Francia. — Perrey. — Hector Lemaire. — Blavier. — Agathon Léonard. — Paul de Lavaulx. — Albert Declercq. — Bardey. — Perraud. — Tournoux. — Paris. — Peiffer. — Paul de Vigne. — Richard. — Vinçotte. — Sanson. — Jules Thomas. — Maniglier. — Fourquet. — Maindron.

M. Maximilien Bourgeois expose, cette année, une *Vierge*, statue plâtre, d'un beau sentiment, et aussi le buste de *Mlle Bourgeois.* — Nous avons vu dans l'atelier de l'artiste quatre envois qui figureront bientôt à l'exposition d'Amiens : la *Guerre*, représentant un enfant tué par un obus, et *Aurore d'amour*, deux terres cuites qui seront des plus remarquées, ainsi que le *Médaillon en marbre de M. Bourgeois père* et *un Portrait*. — Une autre terre cuite intitulée *Héro* attire aussi nos regards. — Nous remarquons enfin deux beaux médaillons en bronze représentant *M. Chèvrier*, magistrat à Vervins, et *M. Edmond de Pury*, et enfin une charmante esquisse intitulée la *Cigale*, interprétation gracieuse de la fable de La Fontaine. Ce dernier sujet est destiné au prochain Salon.

***

Il s'en est fallu de peu de voix, nous assure-t-on, que M. Gaudez n'obtienne une médaille, avec sa *Marchande d'amours*, sujet plein de grâce et d'une exécution attachante. Le *Joyeux Réveil* de M. Francia, respire une gracieuse naïveté. — La *Jeune Moulière* de M. Perrey présente de sérieuses qualités ; le mouvement n'était pas facile à interpréter, aussi, malgré le talent de l'artiste, l'œuvre n'est pas exempte d'une certaine affectation.

***

Le *Bain* de M. Hector Lemaire (de Lille) est un travail d'un grand mérite, l'expression en est heureuse. L'appréhension de l'enfant, le sourire de la mère, sont rendus avec un charme exquis. M. Lemaire expose en outre le *Portrait de Mlle Marie T...*, buste en terre cuite.

Qui ne s'arrêterait pour admirer la grâce de *Fleur des champs*, une jeune et souriante italienne, de M. Emile Blavier (de Crespin — Nord) ?

M. Agathon Léonard, élève de l'Ecole des Beaux-Arts de Lille, a bien traduit l'expression Shakespearienne dans son *Ophélia*.

Les *deux Camarades* de M. Paul de Lavaulx

(de Potelles — Nord), représentent un dogue campé sur un cheval.

M. ALBERT DECLERCQ (de Boulogne-sur-Mer) expose le médaillon en bronze, d'un musicien boulonnais, *M. Poigné.*

*
* *

Les deux premiers jours du Salon l'on apercevait, sur le socle d'une statue en plâtre, une couronne d'immortelles recouverte d'un crêpe noir. La mort avait frappé l'artiste le lendemain du jour où des espérances longtemps caressées allaient enfin se réaliser. M. BARDEY, l'auteur du *Barbier du roi Midas*, avait épuisé sa santé et ses modestes ressources dans l'exécution de cette première œuvre à laquelle il fut question de décerner une médaille posthume. — Le sculpteur montrait de grandes qualités. Les privations et les veilles ont miné ce corps, et le cœur a cessé de battre, à l'heure où le succès allait commencer.

*
* *

Les deux bustes de M. PERRAUD, dont l'un représente *M. Pasteur* et l'autre *M. Claudel*, statuaire, paraissent trop inspirés des anciens procédés ; malgré leur valeur sculpturale, il semble qu'il y manque un accent moderne auquel notre œil est habitué aujourd'hui. Nous ne saurions passer devant le *Mercure* de M. TOURNOUX sans rendre hommage au talent d'exécution de l'artiste et à l'heureuse inspiration du sujet. L'*Adonis expirant* de M. Paris, et les *Hirondelles* de M. Peiffer méritent aussi d'être mentionnés. Le bon goût de l'arrangement joint au savoir artistique ont enfanté ces deux œuvres d'une grande élégance.

La *Porcella* de M. Paul de Vigne est un beau sujet de fantaisie, et nous ne doutons point qu'il rencontre à l'exposition de nombreux admirateurs.

Nous pensons que M. Richard qui a donné une si belle expression et tant de ressemblance au buste en terre cuite de *M. le général de Wimpfen* aurait pu négliger ce grand étalage de décorations qui jure quelque peu avec l'allure toute guerrière de la tête du général et contraste avec la tunique déboutonnée. Il nous fallait un général à l'assaut, ou un général à la revue. Il n'y a pas à choisir.

Le *Giotto*, statue en marbre de M. Vinçotte, nous a paru réaliser le sujet mieux encore que le plâtre que nous avons remarqué au salon de 1874.

M. Janson expose les bustes de *M. Nisard* et celui de *Mozart*. — L'artiste fait preuve comme toujours de ce savoir qu'il a montré dans l'exécution de son *Corneille* et d'*Alfred de Musset* (buste et médaillon).

Nous avons vu dans l'atelier de M. Janson un gracieux sujet qui pourrait être intitulé la *Comédie humaine* (le dieu malin tient par un fil deux amoureux qui obéissent à ses lois). Un autre sujet est sur la selle, c'est une jeune femme essayant une bague.

*
* *

La *Piéta* de M. SANSON est inspirée par un sentiment grand et divin, empreint d'une sublime douleur. L'ensemble de l'œuvre est d'une parfaite sobriété et d'une interprétation déjà connue, néanmoins l'on s'y arrête, car un souffle d'artiste a animé d'une puissance nouvelle cette lugubre page de l'Ecriture.

Nous avons parlé, l'année dernière, du *Christ en Croix* de M JULES THOMAS ; l'œuvre n'a rien perdu à sa nouvelle enveloppe de bronze et elle figure au rang des plus beaux envois de cette année.

***

Mentionnons encore le *saint Pierre* en bronze de M. MANIGLIER, statue destinée à l'Eglise de Montrouge et la *Fortune*, du même auteur. Ce dernier sujet, où l'expression railleuse de la tête est bien rendue, serait d'un bel effet sous la forme d'une réduction en argent ; la grandeur naturelle ne semble pas bien convenir à cette allégorie. Le *Groupe pour un Tombeau* de M. BARRIAS ; l'*Ariadne* de M. CALVI ; l'*Ossian* et l'*Alexandre Duval* (destiné au foyer de l'Odéon) de M. ALLOUARD ; le *Fils du Vaincu* et le *Méhul* de M. DENÉCHEAU ; la *Vigne* de M. FOURQUET ; l'*Ange funèbre* de M. DUBRAY qui décorera une chapelle élevée à Canton à la mémoire des soldats morts pendant l'expédition de Chine ; le *Portrait d'Enfant* de M. BERSOU ; l'*Anachorète espagnol* de M. BARRIÈS ; la *Cariatide* de M. LARUE, qui orne la place St-Vincent de Paule ; le *Médaillon de Mlle Sarah Bernhardt* de M. ZIWNY ; le *Timon le Misanthrope* de

M. Captier ne sauraient être passés sous silence.

Le *Torrent* de M. Fourquet est un tour de force, d'un mouvement audacieux mais peu harmonieux. La *Foi Chrétienne* de M. Maindron ne rappelle plus les sculptures du Panthéon, ni la *Velléda* du Luxembourg.

Gravure en médailles et sur pierres fines

MM. DUPUIS. — DAVAU. — Mlle ADÈLE PENNEL. — MM. FLORENT HELLER. — ARDISSON. — FRANÇOIS REVERCHON. — OUDINÉ.

Quelques chassis disposés sur des pupitres renferment toutes les œuvres de nos graveurs en médailles et sur pierres fines.

M. DUPUIS, dont nous avons déjà admiré les œuvres aux expositions des envois de Rome, a obtenu une mention honorable pour son bas-relief en cire, la *Vendange* et pour ses médaillons représentant *MM. Paul Belley*, *Louis Bernier*, architecte, *Ch.-L.-Fd. Dutert* (de Douai), architecte, *Luc-Olivier Merson*, *P.-Joseph Blanc*, peintre, *Antonia Lematte* et *Joseph Jamin*.

Une autre mention a été accordée a M. VICTOR DAVAU pour son camée sur pierre fine, la *Danse* d'après Carpeaux, et le *Portrait de M. Diaz*.

Nous remarquons encore une *Minerve*, camée sur sardonyx, de Mlle ADÈLE PENNEL (de Lille); le *Roméo et Juliette*, camée sur onyx de M. PAUL LEDAS; la *Médaille à la mémoire des victimes de l'In-*

vasion de M. EMILE SOLDI; le *Triomphe de Bacchus*, camée sur coquille de M. FROULLÉ-VARNIER; *Olivier de Serres* et le *Jeton du conseil d'administration du journal le Temps* de M. ERNEST TASSET ; la *Médaille commémorative du Centenaire américain* et *New-York apportant l'Abondance à Paris en 1871* de M. FLORENT HELLER ; deux bas-reliefs sur bois de buis : le *Printemps* d'après Le Barbier et les *Amours forgerons* d'après C. Coypel de M. ARDISSON; un projet de médaille de récompense de M. CHAPLAIN ; le *Portrait de M. le duc d'Aumale*, camée sur onyx de M. CHARLES REVERCHON ; le *Portrait du Président de la République* et de *M. l'amiral de Montaignac* de M. FRANÇOIS REVERCHON ; celui du *Frère Philippe* de M. BORREL ; une *Médaille pour la Chambre de Commerce de Bordeaux* de M. DEGEORGE ; *Masques comique et dramatique*, camée onyx, de M. HÉBERT ; et enfin l'exposition de M. OUDINÉ qui comporte les portraits de *H. Flandrin*; *Ingres*; *Ambroise Thomas*; *Charles Lefebvre*, peintre ; *Oudiné*, graveur en médailles ; *P. Flandrin* ; *E. Oudiné*, architecte ; *V. Froussard*; *André*, *Georges*, *Marie et Jeanne Vautier* ; *Paul Brame* et trois projets de médailles.

ONZIÈME ARTICLE

Peinture (fin). — Cartons. — Aquarelles. — Pastels-miniatures. — Vitraux. — Émaux. — Porcelaines. — Faïences.

Mlle Crouan. — MM. Victor Leclaire. — Eugène Petit. — Th. Deyrolle. — Jules Didier. — Xavier de Cock. — Max Liebermann. — Maigret. — Mme Cloud. — MM. Ulysse Butin. — Léon Olivié. — Allongé. — Bonnefoy. — Alexandre Collette. — Emile Dupont Zipcy. — Jules de Guerne. — Harpignies. — Jeanron. — Mme Louise Carpentier. — Mlle Frémont. — MM. Verreaux. — Liénard. — J.-P. Laurens. — Gustave Moreau. — Charles-Olivier de Penne. — Jules Saintin. — Emile Vieusseux. — Bourières. — Philibert Deleville. — Emile Hirsch.

Les deux peintures de Mlle Crouan (de Lille). *Vase de fleurs* et *Fleurs et fruits d'automne*, sont peints avec goût et font preuve d'un réel talent d'observation. — Ce n'est pas, en effet, avec cette exactitude mécanique de la représentation des moindres détails, que les fleurs doivent être interprêtées, — ce genre de peinture est réservé aux figures coloriées des traités de botanique, — il faut à l'artiste qui veut traiter ce sujet, le sentiment de l'aspect que produit un bouquet, avec son contour incertain et ses teintes harmonieuses et variées ; à ce titre Mlle Crouan s'est renfermée dans les règles admises aujourd'hui, et elle ne peut que réussir en cette heureuse voie.

A propos de fleurs et de nature mortes, nous ne pourrions oublier M. VICTOR LECLAIRE que les hôtes de Cernay, aiment et estiment. Les pommiers en fleurs ne sauraient trouver un meilleur pinceau. Cette année il expose *Qui s'y frotte s'y pique* et *un Cabinet d'amateur*. — M. EUGÈNE PETIT dans ses *Fleurs* et *Pêches*, atteste une fois de plus son goût irréprochable.— Nous avions déjà admiré ses fleurs dans un tableau qui se trouve à Cernay, dans l'atelier de M. Pelouse.

***

M. TH. DEYROLLE a exposé *Après la pêche* et *Idylle bretonne*. Nous ne pouvons que rendre hommage au savoir de l'artiste et à l'habileté de son talent. Ces toiles nous présagent un succès assuré pour l'avenir.

M. JULES DIDIER connaît sa campagne romaine, comme un riverain de l'Arno ; les magnifiques peintures qui portent sa signature, *Troupeau de bœufs romains* et *Vue du lac de Bracciano* (Italie), ainsi que ses aquarelles *Paysan romain* et *Départ pour la chasse*, témoignent d'une observation attentive et d'une connaissance approfondie des ressources du coloris. Ce vaillant prix de Rome se recommande aussi par la bonne grâce de son hospitalité il s'exhale de son atelier un parfum d'italisme qui vous captive et vous séduit. Que d'heures charmantes il y aurait à passer à examiner ces aquarelles de chasse, ces scènes de paysans romains qui vous retracent la vie joyeuse et animée du Latium moderne.

La Forêt et *les Vaches* de M. XAVIER DE COCK ont dès les premiers jours, attiré tous les regards des connaisseurs.— Le paysagiste a un brillant avenir, lorsqu'il fait preuve d'une telle souplesse et d'un sentiment si délicat de la vérité.

Notons encore *les Travailleurs cultivant un champs de betteraves* et *la Sœur aînée* de M. MAX LIEBERMANN, ainsi que *les Soldats retranchés dans une église* de M. MAIGRET : une grande animation règne dans ce tableau qui est inspiré par la bonne école militaire des de Neuville et des Detaille. *Les Compères* de l'américaine Mme CLOUD, les *Portraits de M. Firmin R..., ancien ministre plénipotentiaire de Belgique à Paris*, et celui de *M. E. B...* de M. LIÉVIN DE WINNE ; *la Mare aux grenouilles* (forêt de Fontainebleau), de M. LADISLAS DE PAAL ; *un Mauvais quart d'heure* de M. F. PASTORIS ; *les Enfants italiens* de M. PIOT ; *le Récit* et *les Raccoleurs* de M. JULIEN LE BLANT ; *le Gigot* de M. CHARLES HUTIN, méritent aussi d'être mentionnés.

Les Femmes au cabastan à Villerville de M. Ulysse Butin sont une œuvre de premier ordre. Quant à *la Question* de M. Léon Olivié, nous devons dire que l'instrument de supplice n'est pas heureusement construit, puisque les cordes destinées à disloquer les membres peuvent être tirées impunément sans allonger le corps ; la traction s'opère de haut en bas et non dans le sens de la longueur, ce qui est une erreur historique. L'appareil de M. Léon Olivié, supprime la torture, — l'artiste a devancé la réforme des États Généraux de 89.

*
* *

Avant d'abandonner notre analyse des œuvres de peinture nous ne pouvons nous empêcher de signaler une inconséquence du règlement de cette année, concernant les récompenses.

L'article 27 dit en effet : *Nul artiste ne pourra obtenir une médaille d'un ordre inférieur ou égal aux médailles déjà obtenues.*

Or aux termes d'un ancien règlement, ces médailles n'étaient pas classées ; — sous ce régime qui fut en vigueur de 1868 à 1870, MM. Japy et Jundt obtinrent pour la première fois une récompense qui fut suivie d'une nouvelle distinction en 1873. Leur situation de médaillés à deux reprises les empêchait donc d'obtenir cette année, une seconde médaille sans toutefois les autoriser à concourir pour une première.

*
* *

Les deux fusains de M. ALLONGÉ, *le Torrent du cousin ou Creux de la poudre* (Yonne) et *l'Étang du moulin Frou en Sologne*, peuvent être placés au rang des plus beaux dessins du maître. Une grande netteté, une hardiesse qui semble se jouer des difficultés et produit toujours des effets harmonieux, tel est le propre de M. Allongé.

M. BONNEFOY (de Boulogne-sur-mer) expose deux aquarelles, *le Coin de verdure* et *le Pressoir à cidre*, d'une heureuse disposition et d'une excellente tonalité, le jeu du coloris est riche sans éclat factice et par la seule opposition de la lumière et de l'ombre.

Le Jugement dernier de M. ALEXANDRE COLLETTE (d'Arras) est d'un grand aspect décoratif et d'un heureux arrangement. Le groupe des élus qui entourent le Père éternel, l'ange qui sépare les élus des reprouvés tombant dans le gouffre, mais surtout le groupe des esprits célestes qui occupe le centre du tableau sont d'un dessin irréprochable.

La Tête d'enfant, faïence de M. EMILE DUPONT-ZIPCY (de Douai), offre une peinture un peu tatouée, délicieuse licence permise au travail sur émail. Les cheveux bruns ressortent au mieux sur le fond bleu.— Notre compatriote obtiendrait nous en sommes assurés un grand et légitime succès en ce genre.

M. JULES DE GUERNE (de Douai) a donné un coloris gras plein de relief à son *Vanneau* peint sur bois.

Inutile de faire l'éloge des deux aquarelles de M. HARPIGNIES (de Valenciennes), *la place d'Hérisson* (Allier), peint d'un seul jet en pleine lumière, et *l'Heure de la bécasse*, où les petits nuages blancs pourraient pourtant, selon nous, se présenter sous une forme plus légère et moins compacte.

La Durance au pas de Mirabeau de M. JEANRON (de Boulogne-sur-mer) est d'une fraîcheur délicieuse, les cascades qui descendent des montagnes et des rochers recouverts de mousse et viennent bouillonner dans le ruisseau autour des pierres du gué, le berger, les hautes herbes, tous est rendu avec un sentiment exquis.

Le portail de Mme C..., émail de Mme LOUISE CARPENTIER (de Lille) est d'une teinte heureuse et l'expression est bien rendue.

Mlle FRÉMONT (de Lille) a bien reproduit la *Rêveuse* de Boucher.

* * *

M. VERREAUX (Louis-Léon) expose deux dessins exécutés à la mouchure de chandelle, *Souvenir des environs de Boulogne-sur-mer* et *Souvenir de la Cluse aux environs de Boulogne-sur-mer* [1] qui méritent d'être signalés, non-seulement en raison de l'originalité du procédé, mais bien encore à cause de leur excellent arrangement, les arbres, les broussailles, l'animation de la basse-cour, sont traités de main de maître. — Nous avons vu l'artiste travail-

[1] Ce tableau appartient actuellement à notre compatriote et ami, M. Th. Salomé, ancien sous-préfet d'Hazebrouck.

ler dans son atelier, sur une feuille de carton noircie à la mouchure de chandelle. Un premier travail d'éponge jette le jour au milieu des ténèbres, puis l'œuvre va se dégrossissant, les détails sortent du vague et l'artiste achève le dessin au couteau et au stylet. Ce procédé fournit des noirs d'un beau gras. M. Verreaux excelle a produire avec une étourdissante habileté des petites impressions faites au pouce sur la toile.

La Rivière sous bois de M. Lienard, gendre et élève de M. Verreaux est conçue dans le même genre.

Admirons encore *la Marguerite*, d'après M. J. Bertrand, porcelaine de Mme Anaïs Adam ; *Ave Maris Stella* de M. Ciappori-Pache ; *les Rallye-Papers* (à la Malmaison, le 22 juillet 1875), aquarelle en éventail de M. Ch. Detaille ; *Bruy-Neergaard*, d'après Prud'hon, de Mlle Geneviève Dupont ; *un baptême à Rocca-Priora* (environs de Rome) aquarelle de M. Pio Joris ; les dessins de M. J.-P. Laurens destinés à une édition de l'Imitation de Jésus-Christ ; les admirables aquarelles à la détrempe et cire : *l'Apparition* et *saint Sébastien* de M. Gustave Moreau ; les deux portraits de M. Jules Chaplain ; *une Écluse dans la vallée d'Estressin* (Isère) et *les Bords du lac d'Arandon* (Ain) fusains de M. Adolphe Appian, ainsi que les belles aquarelles *Meeting* et *une Épisode de chasse à courre* de M. John Levis-Brown.

Nous ne pouvons accorder les mêmes éloges *au Mariage à Paris* et *au Dîner diplomatique*, aquarelles de M. PIERRE GAVARNI, non plus qu'au pastel maniéré de *Mlle Rita Sangalli* par M. ERNEST DE LANDERSET. — Nos plus sincères félicitations à M. CHARLES-OLIVIER DE PENNE qui expose un éventail représentant avec beaucoup d'esprit, *l'Arrivée des maîtres*.

Notons encore le *portrait de Mme la comtesse Welles de Lavalette* et celui de *Mlle Martin*, de la Comédie française, dans le rôle de Mariette (l'Époux malgré lui), de M. JULES SAINTIN, et aussi celui de *Mme Théo* par M. EMILE VIEUSSEUX.

Le Salon de cette année exhibe peu de verrières. Il nous semblerait intéressant de pouvoir apprécier les œuvres produites en ce genre, en même temps qu'il nous est donné de juger les autres productions artistiques.— Les peintres en vitraux semblent préférer l'exposition de l'Union centrale des arts appliqués à l'industrie ; ceci sans doute en raison de l'emplacement favorable au jour qui leur est accordé dans la nef. — L'administration des Beaux-Arts à le tort de les reléguer chaque année dans les escaliers.

M. BOURIÈRES a exposé dans ce genre *Danseuses et génies* et *la Musique*. La grisaille sur verre, un portrait de M. PHILIBERT DELEVILLE est d'un bon coloris et d'une transparence suffisante.

Les deux sujets les plus importants sont les vitraux de M. EMILE HIRSCH destinés à l'église Saint-Séverin, à Paris.

Le premier représente saint Séverin prêchant les populations qui le visitent dans sa solitude, et l'autre la mort du saint.

DOUZIÈME & DERNIER ARTICLE

Gravure. — Lithographie. — Architecture

MM. Edouard Girardet. — Gustave Biot. — Auguste Morse. — Jules Jacquet. — Alphonse Leroy. — Barthelmess. — Chauvel. — Adolphe Lalauze. — Jean Taiée. — Alfred Delauney. — Ed. Hédouin. — Alexis Housselin. — Eugène Champollion. — Léon Gaucherel. — Auguste Mongin. — Pirodon. — Waltner. — Léopold Flameng. — Octave Rochebrune. — Louis Monziès. — Léopold Desbrosses. — Pierre Bar. — Julien Boutry. — Gustave Barry. — Ludovic Lepic. — Ed. Danjoy. — Dufert. — Guérinot.

Parmi les gravures au burin, la plus remarquable sans contredit est *le Mariage espagnol de Fortuny*, par M. Edouard Girardet. — Cette œuvre est exécutée à la manière noire afin de représenter avec le plus d'exactitude possible, le coloris brillant du maître et rendre par les oppositions hardies du blanc et du noir, ces admirables effets de lumière dont il avait le secret.

Le Triomphe de Galathée d'après Raphaël, par M. GUSTAVE BIOT est d'un rendu consciencieux et d'une heureuse et chaude exécution. La pureté des lignes, le fini des détails sont dignes d'une œuvre de premier ordre.

Admirons encore *la Danse d'après Lehmann*, par M. AUGUSTE MORSE et les deux gravures de M. JULES JACQUET, *l'Enfant*, fragment d'une fresque de Raphaël, conservée à Rome dans le musée de l'Académie de Saint-Luc, et *la Jeunesse d'après M. Chapu.*

M. ALPHONSE LEROY (de Lille) expose une belle reproduction à l'eau forte, *la Cruche cassée d'après Greuze* ; l'ensemble un peu noir ne rend pas exactement la tonalité de coloris du poétique artiste.

M. NICOLAS BARTHELMESS n'a pas été heureux dans sa gravure, *Après l'enterrement d'après M. Vautier*, — l'œuvre se présente mal.

M. CHAUVEL continue à rendre délicieusement à l'eau forte, les paysages qu'il interprète. Il expose cette année, *un Paysage d'après Corot*, *un Village en Suède d'après M. Gegerfelt* et *Paysage et animaux d'après Troyon.*

M. ADOLPHE LALAUZE nous montre douze eaux fortes pour une édition de Molière et plusieurs reproductions de tableaux de maîtres qui promettent de brillants succès à l'élève de M. Gaucherel.

Mentionnons encore les eaux fortes de M. JEAN TAIÉE représentant des œuvres de Corot et de MM. Daubigny, Diaz, J. Dupré, Jongkind, J-P. Laurens, Pelouse et Vollon.

Le pont de Solferino et la Vue de Harfleur, eaux

fortes de M. Alfred Delauney, restent dignes des œuvres de ce patient artiste, qui n'eut d'autre maître que lui-même.

M, Edmond Hédouin (de Boulogne-sur-mer) rehaussera l'éclat d'une édition du *Voyage sentimental* de Sterne, avec son portrait de l'auteur et ses gravures intitulées : *la Tabatière*, *le Mari*, *le Pâtissier*, *la Tentation*, *le Cas de délicatesse*. — Notre habile compatriote expose en outre *Ruth* (un frontispice) et le sujet d'après M. Bida « *Elle prit l'enfant et le mit dans son sein*. »

La mauvaise place qui a été donnée à M. Alexis Housselin (de Saint-Inglevert) nous a empêché de distinguer son *Forum romain, d'après M. E. Duvert.*

M. Eugène Champollion expose *le Papillon*, *d'après Fortuny* ; *En embuscade*, *d'après M. Kaemmerer* ; *Allant à l'école*, *d'après Mlle J. Bole* ; *un Frère quêteur*, *d'après Zimacoïs* ; et deux portraits. —Nous avions déjà admiré *les portraits de Mlle Croizette* et de *Mlle Sarah Bernardt* par M. Léon Gaucherel, dans les intéressantes biographies de comédiens et comédiennes de M. Francisque Sarcey.

Le repos du peintre, *d'après M. Vibert* et *l'ensevelissement de Rebecca*, *d'après M. Bida*, gravés par M. Augustin Mongin ; les eaux fortes typographiques, un peu trop grêles pourtant de M. Pirodon, celles des maîtres MM. Waltner et Léopold Flameng ; *la Maison carrée de Nîmes* de M. Octave Rochebrune qui s'inspire du genre de Pironel, sont aussi fort remarquées.

Le portrait de M. Coquelin, d'après M. Vibert, le Maréchal Duroc (Meissonnier), *1795* de Goupil, *le Marchand de pastèques* (Vibert), *les Pèlerins de Sainte-Odile* (Brion), et *la Folie d'Hugues Van der Goes* (Wauters), par M. Louis Monziès, sont d'une belle exécution.

M. Léopold Desbrosses (de Bouchain) marque une prédilection grande pour l'école réaliste, dans sa *gravure d'après Hals* et son *Casseur de pierres, d'après Courbet.* Ces sujets demanderaient à être exécutés avec plus de soin dans les détails.

M. Pierre Bar (de Montreuil-sur-mer), a bien rendu *le Paysage dans le Morvan, d'après M. Hannoteau,* malheureusement l'ensemble est un peu froid.

M. Julien Boutry (d'Arras) a des débuts qui attestent un réel talent. — M. Boutry ne consacre que depuis un an aux œuvres d'art, ses loisirs de magistrat. — Son avenir artistique s'annonce sous d'heureux auspices.— Son trait prendra à l'avenir, nous en sommes assuré, une plus grande puissance. Le *Temple de Vénus* et *la Porte San Lorenzo à Rome*, méritent d'être signalés.

Mentionnons encore *les Chants du ciel*, lithographie, de M. Gustave Barry (d'Avesnes), les œuvres de MM. Gustave Dreux, Brunet-Debaines, Achille Gilbert, Abel Lurat et celles de M. Ludovic Lepic, dont les teintes sont variées avec un goût exquis.

***

A la section des Monuments historiques nous remarquons le *Projet de restauration de l'église de Lillers* (Pas-de-Calais) et celui du *Beffroi de Calais* dus à M. Edouard Danjoy.

M. Dutert (de Douai) expose un *Projet d'académie de commerce* et M. Désiré Devrey (de Douai) un *Grand groupe scolaire.*

L'Hôtel de ville et le Musée de Poitiers par M. Guérissot (de Boulogne-sur-mer) est une des œuvres les plus remarquées.

TABLE ALPHABÉTIQUE

DES NOMS D'ARTISTES

A

B

C

D

E

F

K

L

M

P

S

T

V

W

Y-Z

www.ingramcontent.com/pod-product-compliance
Ingram Content Group UK Ltd.
Pitfield, Milton Keynes, MK11 3LW, UK
UKHW012039240726
13965UKWH00003B/905

9 782013 060004